언어사춘기

언어사춘기

주인의 삶 vs. 노예의 삶, 언어사춘기가 결정한다

ⓒ 김경집 2019

초판 1쇄	2019년 7월 19일
초판 4쇄	2021년 11월 11일

지은이 　김경집

출판책임	박성규	펴낸이	이정원
편집주간	선우미정	펴낸곳	도서출판 들녘
디자인진행	김정호	등록일자	1987년 12월 12일
편집	이동하·이수연·김혜민	등록번호	10-156
마케팅	전병우	주소	경기도 파주시 회동길 198
경영지원	김은주·나수정	전화	031-955-7374 (대표)
제작관리	구법모		031-955-7376 (편집)
물류관리	엄철용	팩스	031-955-7393
		이메일	dulnyouk@dulnyouk.co.kr
		홈페이지	www.dulnyouk.co.kr

ISBN	979-11-5925-440-6 (13370)	CIP	2019026850

이 도서의 국립중앙도서관 출판예정도서목록(CIP)은 서지정보유통지원시스템 홈페이지(http://seoji.nl.go.kr)와 국가자료공동목록시스템(http://www.nl.go.kr/kolisnet)에서 이용하실 수 있습니다.

언어사춘기

주인의 삶 vs. 노예의 삶, 언어사춘기가 결정한다

김경집 지음

푸른들녘

참 편한 세상입니다. 가만히 앉아서 세상의 모든 일과 정보를 보고 듣고 알 수 있으니까요. 굳이 머리를 쓸 일도 없습니다. 그냥 눈으로 보면 됩니다. 언제부터인가 '글자'는 신부의 들러리처럼 보조수단이 되었고, 우리는 제대로 된 '문장'에서 점점 멀어지고 있습니다. 사정이 이러하니 "글의 힘은 말보다 크다"고 하는 주장이 과연 타당할까 의문을 가져봄 직합니다.

말은 귀로 들으면서 곧바로 이해됩니다. 문장도 짧습니다. 바로바로 퍼나르기 좋습니다. 그러나 글은 눈으로 보며 머릿속에서 그림을 그려야 합니다. 문장도 입말보다 긴 경우가 많으니, 여러 면에서 말보다 번거롭습니다. 이런 세상에서 "글을 읽자, 책을 읽자"고 주장하는 것은 어쩌면 시대착오일지도 모릅니다. 태어날 때부터 영상에 익숙한 아이들에게는 더 말할 나위 없을 테고요. 한데 여기에 아주 중요한 고리가 하나 있습니다. 이것을 읽어내는 사람은 삶의 도약이 가능한 발판을 준비할 수 있지만, 외면하는 사람은 머지않아 함정에 빠지게 될 그런 고리입니다.

우리는 살아가는 동안 몇 번쯤 주요 전환점 앞에 서게 됩니다. 흔히 인생의 '터닝포인트'라고 하지요. 가장 대표적인 것이 사춘기입니다. 그런데 이 사춘기는 아이의 몸에서 어른의 몸으로 변화하는 단순한 육체적 변화에 한정되는 것이 아닙니다. 정신적으로나 문화적으로 엄청난 파장을 겪게 해주는 우주적 사건이에요. 학생의 신분을 마감하고 사회인이 되는 것, 나만의 가정을 꾸리게 되는 결혼과 출산, 직장에서의 승진이나 전업, 그리고 은퇴 등으로 발생하는 신분의 변화 등도 우리 인생의 중요한 전환점입니다. 그렇게 우리는 마치 대나무의 매듭처럼 일정한 전환점을 맺고 또 그것을 넘어 살아갑니다. 속이 텅 빈 대나무가 하늘 높이 자랄 수 있는 것은 바로 그 매듭 덕분입니다.

몸의 사춘기보다 먼저 오는 것이 바로 '언어사춘기'입니다. 불행히도 그걸 모르고 살았습니다. 부끄러운 고백이지만 저도 아이들 키우면서 이 사실을 제대로 알지 못했고 그래서 최선의 대책을 마련하지 못했습니다. 그리고 여전히 많은 부모님들과 선생님들도 이를 모르며 살아가는 듯합니다. 몸의 사춘기는 '저절로' 겪게 되고 각자 나름대로 대처하며 넘어갑니다. 그렇게 어른이 되지요. 그러나 언어의 사춘기는 의식하지 않으면 놓치기 쉽습니다. 그냥 훌쩍 넘어가기 쉽습니다. 하지만 그 대가는 짐작 이상으로 혹독합니다.

생각, 감각, 감정, 상상 등 그 무엇이나 언어로 파악할 수 있고, 또 수용할 수 있습니다. 그러므로 '섬세한 사유, 다양한 감각, 풍부한 감정, 자유로운 상상'을 최대한 누리며 살아가려면 그것을 만들어낼 수 있는 언어의 힘을 키워야 합니다. 어떤 언어를 사용하며 살아가는지 유심히 살펴보면 언어의 풍부함과 질이 삶의 그것들과 떨어져 있지 않음을 알 수 있는데요. 물론 말만 번듯한 사람도 있습니다만, 그건 앎과 삶이 일치되지 않은 가짜 지식만 쌓았기 때문입니다.

21세기는 콘텐츠의 시대입니다. 그것을 생산할 수 있는 능력이 삶을 결정하는 시대가 되었다는 뜻입니다. 물론 입말과 영상으로 된 콘텐츠가 넘치는 시대이기도 합니다만, 섬세한 사유, 다양한 감각, 풍부한 감정 등이 바탕이 되지 않으면 제대로 된 콘텐츠를 생산하기 어렵습니다. 또한 자신이 사용하는 언어가 생각뿐 아니라 삶의 질을 결정하기도 한다는 점에서 글을 소비하고 생산할 수 있는 능력을 키워야 함도 분명합니다. 21세기의 독서는 바로 이 점에서 오히려 더 중요하고, 따라서 그 중요한 전환점인 언어사춘기를 놓쳐서는 안 될 것입니다.

입으로 하는 말, 즉 구어는 짧을 수밖에 없습니다. 그래서 이해하기 쉽고 편하지요. 말의 억양이나 어투 등 비언어적 요소들까지 가미되니 더더욱 그렇습니다. 그러나 필연적으로 짧을 수밖에 없습니다. 한 사람의 사고의 길이는 그가 생산하고 소비하는 문장의 길이에 비례한다는 점을 명심해야 합니다. 그런 점에서 상대적으로 긴 문장이 가능한 글의 생산과 소비는 그 무엇보다 중요합니다. 또한 말은 제공자의 속도를 따라갈 수밖에 없지만 글은 읽는 사람 스스로 속도를 결정할 수 있고, 많은 것을 상상하고 그려낼 수 있으며, 더 깊은 뜻을 파악하기 위해 다른 자료들을 찾아볼 수 있습니다. 즉 글은 매우 주체적일 뿐 아니라 풍부한 콘텐츠를 생산할 수 있는 바탕을 마련해줍니다. 그리고 어떤 어휘를 사용하느냐에 따라 그 사람의 삶의 질이 달라질 수 있다는 점도 결코 가볍게 여겨서는 안 될 것입니다.

저는 억지로 책을 읽으라거나 책을 읽어달라고 간청하지는 않겠습니다. 누구나 자신의 삶을 결정할 수 있으니까요. 책을 읽지 않아도 사는 데에는 아무런 지장이 없는 세상이고 시대입니다. 그러나 그런 삶은 '노예의 삶'입니다. 누군가의 명령을 받고(명령은 대부분 짧습니다) 그것을 따라 행동하면 먹고는 삽니다. 그러나 그것은 내가 주인이 되는 삶이 아닙니다. 신분에 의한 노예가 아니라 주체성과 창조성을 갖지 못하는 삶이 바로 노예의 삶입니다. 어떤 부모도, 어떤 선생님도 자녀와 학생이 노예로 살기를 바라지는 않을 겁니다. 우리는 모두 주체적 인격이며 행복하게 그리고 멋지게 살아야 할 의무와 권리를 지닌 존엄한 인간입니다.

말과 글의 힘이 얼마나 중요한지 아무리 강조하고 반복해도 지나치지 않습니다. 제가 '언어사춘기'에 주목하면서 이를 '최선을 다해 마주해야 할 핵심 전환점'이라 강조하는 배경인데요. 따라서 우리 어른들은 언어사춘기의 중요성을 미리 살피고 깨달아서 적절한 방법으로 아이들을 도와야 합니다. 그들의 삶을 간섭하고 재단하고 설계하는 것이 아니라 당당하고 창조적으로 멋지게 살아갈 수 있도록, 기회를 잃지 않도록 지지하고 지원해야 합니다.

　　이제 20세기의 방식에서 깨어나 21세기를 살아갈 아이들의 삶을 지켜보며 응원합시다. 아이들이 진정으로 원하는 삶을 살 때 그들은 행복할 것입니다. 어른들 또한 행복할 테고요. 이 책이 그 아이들에게, 그리고 그들을 성원하는 부모님들과 선생님들에게 작으나마 튼튼한 깃발이 되기를 소망합니다.

2019년 여름

김경집 근배

차 례

🗨 3장 말이 사람을 만든다
_언어사춘기를 어떻게 건널까?

1장

버카충과
댕댕이
_왜 언어가 중요한가?

글 속에도 글 있고 말 속에도 말 있다.

– 우리 속담

'급식체'를 아시나요?

'급식체'를 모르는 청소년은 아마 없을 겁니다. 하지만 부모님들은 잘 모르실 거예요. 이 말은 주로 중고등학생들이 또래 집단 안에서 사용하는데요, 한마디로 '급식을 먹는 학생들이 쓰는 (문)체나 단어'라고 정의할 수 있습니다. 아이들이 즐겨 쓰는 이런 표현은 정말 많습니다. '버카충(버스카드 충전)'처럼 간단히 줄여서 부르는 것도 있고, 'ㅂㅂㅂㄱ'처럼 원 단어(반박불가)의 초성 자음을 나열한 것도 있습니다. 앞의 예들은 그나마 어른들도 이해할 만한 수준입니다. 그런데 '띵작'이나 '댕댕이'처럼 글자 모양을 비틀어 만든 말을 접하면 고개를 갸웃거리게 됩니다. '띵작'은 '명작'이라는 글자를, '댕댕이'는 '멍멍이'라는 글자를 '오묘하게' 시각화한 것입니다.

멍멍이 → 댕댕이

명작 → 띵작

그야말로 '대략난감'이죠. 어떤 분들은 언어 파괴가 심각하다며 비판하고, 어떤 분들은 자연스러운 것이니 호들갑을 떨 필요가 없다고 말합니다. 후자에 속하는 분들은 대개 "우리 세대도 친구들끼리는 '은어'를 썼다"고 하십니다. 요즘 아이들의 언어 비틀기도 자연스러운 또래문화 현상 중 하나라고 인정하는 것이지요. 급변하는 환경 탓도 있습니다. 음성 통화보다는 문자 메시지가 일반화된 현실에서, 대다수 사람들이 '엄지족'이 되어버린 요즈음, 어느 누구인들 짧고 빠르게 소통하길 원하지 않겠습니까? 이제는 어른들도 'ㅇㅋ'니 'ㅇㅈ' 등을 자주 쓰잖아요? 어른들에게는 이런 단어들이 급식체인 셈입니다.

인문학의 언어

이 책에서는 '인간에게 언어가 얼마나 중요한 것인지'를 이론적으로 다루지 않습니다. 핵심이 따로 있기 때문입니다. 바로 "한 사람이 생산하고 소비하는 말이 그의 삶을 결정한다"는 것이지요. 독일의 실존주의 철학자 하이데거Martin Heidegger, 1889~1976가 말한 "언어는 존재의 집이다"와 같은 폼 나는 문장을 끌어오지 않아도 우리는 말이 중요하다는 사실을 다 알고 있습니다. 이제, 앞에서 '핵심'이라고 했던 내용을 좀 더 구체적으로 풀어보겠습니다.

첫째, 한 사람이 사용하는 어휘가 그 사람의 삶의 질을 결정할 수 있다는 점입니다. 청소년들이 사용하는 어휘를 잘 들어보세요. 낱말들이 거칠고 직설적입니다. 예를 들어 '성찰', '정의', '관찰', '희열' 등의 낱말은 거의 사용하지 않습니다. 물론 요즈음에는 어른들도 그런 어휘를 잘 쓰지 않지만 그래도 어떤 상황이 주어지면 그에 따라 사용할 줄 압니다.

청소년의 경우는 다릅니다. 아이들에게는 그런 낱말이 교과서에서나 만날 수 있는 어휘가 되어버렸지요. 심지어 '어휘'라는 말도 거의 쓰지 않습니다.

'꼰대 같다'고 생각하실지 모릅니다만, 『희망의 인문학Riches for the Poor』이라는 책을 읽어보시면 제가 왜 "한 사람이 생산하고 소비하는 말이 그의 삶을 결정한다"는 점을 강조하는지 이해할 수 있을 겁니다. 책에는 저자인 얼 쇼리스Earl Shorris, 1936~2012가 [*] 가난하고 소외된 사람들을 위해 '클레멘트 코스Clemente course'라는 인문학강좌를 개설하게 된 중요한 계기가 나오는데요. 그가 뉴욕 소재 교도소에서 만난 한 여성 죄수와의 대화가 이 모든 일의 발단입니다.

쇼리스는 교도소 출장 강의에서 살인 사건에 연루되어 8년째 복역 중인 비키와 대화를 나누게 됩니다. 그가 "사람들이 왜 가난하다고 생각합니까?"라고 질문하자 20대 후반의 그 여죄수는 "정신적인 삶이 없기 때문입니다"라고 대답해요. '종교 이야기를 하는가 보다'고 여긴 쇼리스가 심드렁하게 다시 물어봅니다. "정신적인 삶이 무엇입니까?" 그러자 뜻밖의 대답이 돌아왔습니다. "극장과 연주회, 박물관, 강연 같은 거죠." 깜짝 놀란 얼 쇼리스가 "아, 그러니까 인문학을 말하는 거군요!"라고 대꾸하자 비키는 "그래요, 인문학이에요" 하고 대답했습니다. 그러고는 쇼리스에게 의미심장한 부탁을 합니다. "우리 동네 아이들에게 '시내 중심가 사람들'의 삶과 언어를 가르쳐주세요." 여기서 '시내 중심가 사람들'이 꼭 부유층을 의미하는 건 아니에요. 이른바 중산층이지요. 비키는, 자신이 '그런 언어'를 사용하는 삶을 살았더라면 범죄자가 되지 않았을 수도 있었을 거라는 후회에서 이런 부탁을 한 것입니다.

바로 이 만남에서 '클레멘트 코스'가 시작되었습니다. 하지만 뉴욕에서 첫 코스를 시작할 때만 해도 그의 시도는 '미친 짓'이라 불렸습니다. 후원을 요청할 때마다 "빈민들에게 인문학 교육이라니 말도 안 된다"는 응답이 돌아왔습니다. 사재를 털어 문학, 철학, 역사 등을 가르칠 교수들의 강의료를 마련한 쇼리스는 여러 재활센터를 돌며 약물중독자, 매춘부, 노숙자 등 31명의 학생들을 모읍니다. 겨우 글만 읽을 줄 알았던 학생들이 교사와 함께 '플라톤'과 '아리스토텔레스'를 읽었고, 소포클레스의 『안티고네Antigone』를 읽었습니다. 첫 1년 코스가 끝났을 때 31명 중 17명이 수료증을 받았고, 그중 14명은 뉴욕 바드 대학의 심사를 거쳐 학점을 취득했습니다. 이들 중 2명은 나중에 치과의사가 되었고, 전과자인 한 여성은 약물 중독자 재활센터의 상담실장이 되었습니다.

클레멘트 코스의 교육 목표는 단 하나, '삶을 성찰하는 법 가르치기'였는데요. 여기에서 중시한 요소가 바로 '반성적 사고의 언어 사용'입니다. 인문학 공부는 이런 언어들로 이루어진 넓고 깊은 바다에서 어떻게 헤엄치며 나아갈 수 있는지를 가르치는 것이었지요.

오늘부터 주변 청소년들의 언어생활을 유심히 관찰해보시기 바랍니다.

'어떤 어휘를 사용하는가' 하는 것은 단순히 국어교육에만 해당되는 사안이 아니라 삶 전체를 관통하며 영향을 주고받는 문제이기 때문입니다.

둘째, 한 사람이 사용하는 문장의 길이가 그 사람의 생각의 길이, 생각의 호흡의 길이를 결정한다는 점입니다. 제가 무조건 '문장이 길어야 좋다'고 주장하는 건 아니에요. 다만 '말과 글'이 우리의 생각을 거의 그대로 표현해주는 도구인 만큼 짧은 문장만 반복해서 사용하면 생각의 길이도 점점 짧아진다는 사실을 간과하지 말자는 뜻입니다. 게다가 생각은 판단과 행동에 직접적인 영향을 미칩니다. 따라서 감각적이거나 거칠고 짧은 문장만 사용하는 사람은 생각과 판단, 그리고 행동 역시 그렇게 하게 됩니다.

예를 하나 들어볼게요. 요즘 청소년들은 욕을 참 잘합니다. 부모나 교사 앞에서는 욕설을 자제하지만 자기들끼리 있을 때엔 거의 조사처럼 욕을 씁니다. 어찌나 찰지게 욕을 잘하는지 이따금 배우고 싶다는 생각이 들 정도예요. 어른들은 아이들이 욕을 하면 "욕은 안 돼", "욕은 나쁜 거야"라고 말하면서 따끔하게 야단치거나 타이릅니다. 당연히 욕은 나쁩니다. 듣는 사람에게 상처를 주는 언어폭력이니까요. 그런데 왜 아이들은 '욕이 나쁘다'는 걸 알면서도 욕을 '끊지' 못하는 걸까요? 어른들은 왜 요즘 아이들이 입에 욕을 달고 사는지 잘 공감하지 못할까요? 그 배경을 좀 더 구체적으로 살펴보겠습니다.

저절로 나온다, 잘도 나온다, 욕!

우선 아이들이 어떤 경우에 욕을 하게 되는지, 욕을 쓰는 이유가 무엇인지 생각해봅시다.

첫째, 아이들은 대개 불편한 감정이나 기분 나빠지는 느낌이 '순간적으로 확' 올라올 때 욕을 합니다. 그런데 그런 감정을 정확하게 표현해줄 적절한 말도 모르고, 그런 기분을 길게 설명할 수 있을 만큼 인내심이 많은 것도 아니거든요. 때로는 거의 자동 발사되는 총알처럼 욕이 나오기도 합니다. 만일 아이들이 상황에 따라 적절한 표현을 찾아 문장을 구사할 수 있다거나 인내심을 조금 더 발휘할 수 있다면 욕하는 경우도 줄어들겠지요.

둘째, 쉽게 욕을 해도 쉽게 욕을 얻어먹지 않는 세상이 되었기 때문입니다. 이것은 곧 아이들이 맺는 관계의 깊이가 얕아졌다는 뜻이기도 한데요. 이 부분을 어른들은 잘 이해하지 못합니다. 예를 들어볼게요. 먼저 우리의 어린 시절로 돌아가봅시다. 같은 동네 사는 친구 A가 학교에서 나한테 아주 못되게 굴었어요. 그때 어떻게 반응했나요? 마음 같아서는 욕을 한바탕 쏟아 붓고 싶지만 차마 그렇게 하지 못합니다. 학교 끝나고 집에 가면 동네 친구들과 놀아야 하는데, 그 녀석 A가 바로 나랑 같은 학교에 다니는 동네 친구거든요. 그러니 학교에서 싸우거나 욕을 해서 감정이 틀어지면 껄끄러운 상황이 벌어질 게 뻔합니다. 그 친구가 축구하는 데 끼는 것도 불편하고, 내가 고무줄놀이를 하고 있는 자리에 그 친구가 다가오는 것도 영 어색합니다. 그런 생각을 하니 싸우거나 욕하는 일이 아무래도 줄어들 수밖에 없습니다. 참게 되는 것이지요. 그렇게 어울리다 보면 저절로 앙금이 해소되고 관계는 돈독해졌던 걸 기억하실 겁니다.

요즘은 어떤가요? 같은 동네에 사는 학교 친구라고 해도 동네 놀이터에서 또 만나 어울릴 일은 거의 없습니다. 골목은 아예 사라졌지요. 그리고 다니는 학원까지 달라서 더 어울릴 공간도 겹치지 않을 수 있습니다. 지금은 내 친구가 어디에 있나요? 우리 동네가 아니라 다른 도시에 삽니다. 더러 외국에 살기도 해요. PC방에 가서 대구에 있는 친구도 부르고, 인천 사는 친구도 부르고, 미국에 있는 친구도 불러 함께 게임을 합니다. 굳이 '같은 동네 사는 학교 친구'를 부르지 않아도 된다는 뜻입니다. 그러니 막말을 하고 싶으면 그냥 하고, 욕하고 싶으면 그냥 던집니다. 억지로 참아야 할 까닭이 없으니까요. 걔가 없어도 같이 게임하며 놀 아이들은 전국에 널렸거든요. 이처럼 관계의 개념 자체가 달라졌기에 아이들은 더 이상 '오프라인 관계'에 연연하지 않습니다. 욕하기 쉬운 환경이 된 것입니다. 요즘 어른들이 아이들 욕하는 이유를 이해하지 못하는 대목이기도 합니다.

욕을 하는 세 번째 이유는 무엇일까요? 욕설 자체가 주는 어떤 쾌감 때문입니다. 이것은 주로 폭력적인 쾌감으로 배설의 쾌감과 비슷합니다. 욕설이 갖는 불변의 어떤 성질인데요. 예나 지금이나 이 점은 달라지지 않은 것 같습니다. 하나 덧붙인다면 욕설이 주는 어떤 '위악감' 같은 걸 즐기는 마음도 있습니다. 일부러 좀 악한 체하는, 즉 아이들 식으로 말하면 '세 보인다'는 것입니다. 한 가지 주목할 점은 욕설의 뿌리(어원)입니다. 대부분 끔찍하고 비도덕적인 것들이 많아서 욕을 하는 사람도 움찔하게 되고, 듣는 쪽에선 심한 경우 패닉 상태에 빠지기도 합니다만, 요즘 아이들은 그런 데 신경을 쓰지 않습니다. 어원도 잘 모르는 데다가 살짝 비틀어서 발음하는 탓에 감각이 둔해진 것이지요.

욕하지 않고 좋은 언어를 쓰는 건 마땅한 일입니다. 욕은 나쁜 거니까요. 어른들이 아이들에게 "욕하지 말라"고 가르치는 것도 그런 이유잖아요. 그런데 '나쁜 거니까 쓰면 안 된다'는 것이 욕설을 금지하는 이유의 전부일까요? 저는 이 문제를 다른 각도에서 살펴보고 싶습니다.

거칠고 짧은 언어가 생각을 방해한다

"야, 이 개새끼야!"

이런 말을 들으면 불쾌합니다. 화가 납니다. 인격을 손상당하는 상처를 입습니다. 그런데 이것을 '문장'의 측면에서 보면, 이 역시 엄연한 문장입니다. 짧은 감탄문이 다 그렇듯 말입니다. 다만 '너'라는 주어가 생략되었고, 술어가 '개새끼'라는 명칭에 압축된 채 발화되었을 뿐입니다. "너는 인격이나 품성이 개처럼 못됐고 생각이나 감정이 동물의 수준에 불과한 존재야." 굳이 분석하자면 이런 의미와 의도를 담은 문장이지요. 이렇듯 욕설도 '아주 짧은 문장'입니다.

제가 앞에서 "한 사람이 사용하는 문장의 길이가 그 사람의 생각의 길이, 생각의 호흡의 길이를 결정한다"고 말씀드렸는데요. 이렇게 아주 짧은 문장을 습관처럼 반복적으로 사용하면 어떻게 될까요? 호흡이 긴 문장을 생산하거나 소비하지 못하게 됩니다. 그러다 보면 생각의 길이도 짧아지고, 판단은 단편적일 수밖에 없게 되며, 행동도 신중하지 못하게 되겠지요. 이는 매우 심각한 문제입니다.

생각의 호흡은 매우 중요합니다. 결코 가볍게 봐서는 안 됩니다. 짧은 문장은 의미를 간결하고 효과적으로, 즉 경제적으로 전달할 수 있다는 점에서 매력적입니다. 그러나 습관적으로 그런 문장, 특히 욕설처럼 극단적으로 짧은 문장을 쓰게 되면 그 매력은 금세 사라집니다. 득이 아니라 오히려 독이 되지요.

이번엔 조금 다른 측면에서 이 문제를 짚어보겠습니다. 자칫 엉뚱하게 보일 수도 있어서 조심스럽기는 합니다. 욕을 잘하는 사람의 내면에는 '내가 너보다 세고 우월하거든'이라는 교만함이 있습니다. 상대를 업신여기는 마음이 숨어 있다는 뜻이지요. 예를 들어 나보다 훨씬 강하고 잘난 상대에게 그런 욕을 퍼부으면 뒷감당을 어떻게 하겠습니까? 그러니 자연스레 '나보다 지질하게 보이는' 상대에게 욕을 하는 거고, 그 순간 속으로 은근한 짜릿함을 느끼는 겁니다.

그런데 과연 그렇게 욕하는 사람이 진짜 강자가 될 수 있을까요? 일반적으로 말하는, 좀 더 솔직하게 말씀드리자면 '속물적 관점'에서 볼 때, 강자는 그냥 힘만 세다고 되는 게 아닙니다. 사고와 판단이 깊고 명확하며 자신의 행동에 대해 완전히 책임질 줄 알아야 합니다. 욕하는 사람이 그렇게 될 수 있을까요? 천만에요! 욕은 짧은 문장이라고 했지요? 그렇게 짧은 사고를 반복하는 사람이 깊고 명확한 사고와 판단을 할 수 있을까요? 자신의 행동을 끝까지 책임질 수 있나요? 구구절절 따질 필요 없습니다. 욕 잘하는 사람들이 어떤 직업군에 많은지만 둘러봐도 금세 알 수 있으니까요.

물론 욕 잘하는 사람도 먹고살 수 있습니다. 명령을 받고 사는 데 불만이 없다면 말입니다. 명령은 짧은 문장입니다. 그걸 알아듣고 따라 하면 먹을 건 줍니다. 그럼 먹고살기는 하겠지요. 하지만 이런 것은 노예의 삶입니다. 신분 때문에 노예가 되는 게 아니라 의지적 주체가 되지 못해서 스스로 선택할 수밖에 없는 노예의 삶이지요. 욕 잘하는 아이들에게 이 점만 깨닫게 해줘도 스스로 욕설을 자제할 것입니다.

이렇게 '언어'를 잣대로 청소년들의 삶을 관찰하는 것만으로도 우리는 명확한 사실을 알게 됩니다. 바로 "짧은 문장만 반복하는 사람은 생각의 길이가 짧아지게 된다. 짧은 문장만 쓰는 사람은 긴 문장을 생산할 능력이 떨어져서 보다 나은 삶을 누리기 어려워진다. 왜냐하면 짧은 문장에만 익숙해진 사람들은 성찰과 반성적 사고에 결코 가까이 다가설 수 없기 때문이다"라는 점입니다. 그렇다면 어떻게 해야 긴 문장을 자연스레 학습하고 생산할 수 있을까요?

구어 전성시대

바야흐로 초超영상시대입니다. 학교나 학원에서 자습할 때를 제외하고 아이들은 거의 모든 것을, 아니 세상 전체를 영상으로 만납니다. TV, 인터넷, 게임, 특히 유튜브를 통해서요. 이렇듯 날로 진화하는 영상매체는 시대의 산물이자 선물로서 많은 이점을 자랑하지만, 부정적인 측면도 없지 않습니다. 우선 두 가지 문제점을 살펴볼게요.

첫 번째 문제는 수용자가 자신의 주체성을 유지할 수 없다는 점입니다. 시각적 영상을 소비할 때에는 제공자가 요구하는 속도를 '어쨌든' 따라갈 수밖에 없기 때문인데요. 이때 수용자 스스로 생각하고 판단할 시간적 여유를 갖기란 매우 어려운 일입니다. 이해가 되지 않는 대목은 천천히 살펴보면 좋은데 영상매체에서는 그 방법이 통하지 않습니다. 물론 이미 방영된 것은 '다시보기'로 확인할 수 있지만 실시간으로 보아야 하는 TV 프로그램이나 영화는 불가능하죠. 게다가 시각적인 것은 '눈으로 보는 동안'만큼은 자신이 다 이해하고 있는 것처럼 느끼게 해줍니다.

다 끝난 다음 내용을 복기할 때야 비로소 완전히 이해한 게 아님을 깨닫게 되지요. 내가 속도를 조절할 수 없다는 것은 이처럼 큰 문제가 됩니다. 자칫 소비하는 것이 아니라 소비되기 쉽습니다. 소비의 주체가 아니라 소비의 대상이 된다는 뜻이지요. 우리가 오늘날의 청소년들이 정보와 지식을 어떻게 소비하고 있는지 주목해야 하는 이유입니다.

이런 이야기를 제가 소속된 어떤 단체의 심의위원들에게 했더니 흥미로운 반론을 제기하더군요. 요즘 아이들은 유튜브 등의 영상을 보면서 별 관심이 없는 부분은 몇 배속으로 돌리다가 흥미롭거나 관심을 끄는 대목은 천천히 제 속도로 돌린다는 겁니다. 그러니 제가 놓친 부분도 있음을 인정해야 하겠습니다. 그러나 그런 경우에도 문자로 보는 것과 달리 온전히 자신의 속도로 소화하는 건 아니지요.

두 번째 문제는 영상매체 대부분이 '말'을 내용 전달 수단으로 사용한다는 점입니다. 물론 영상과 더불어서 말이에요. 여기서 '글'이 아니라 '말'이라는 데 주목해야 합니다. 문자에 의존하는 글과 달리 말은 입에 의존합니다. 그런데 '입으로 하는 말'은 날숨의 길이만큼만 가능해요. 이것이 바로 말이 글보다 짧은 이유인데요. 어쩔 수 없습니다. 들이키는 숨, 즉 들숨에서는 소리를 낼 수 없거든요. '짧을 수밖에 없어서 이해하기 쉽다'는 것은 '구어口語'의 장점입니다. 그러나 긴 호흡의 사고를 담기 어렵다는 단점도 있어요. 요즈음 사람들은 주로 영상매체를 이용해서 지식과 정보를 습득하고 전달합니다. 이 과정에서 쓰이는 것은 대개 '긴 말'이 아니라 '짧은 말'입니다. 그야말로 '구어 전성시대'입니다.

문어文語는 살아 있다

우리에게 구어만 있는 건 아닙니다. '문어文語' 즉 글의 말도 있습니다. 문어의 바탕이 되는 글은 생리적 호흡인 날숨의 길이에 영향을 받지 않습니다. 호흡이 길어져도 상관없고, 조금 상세하게 풀어도 괜찮습니다. 우리 현대인은 이처럼 다양한 매체를 통해 정보와 지식을 양껏 습득할 수 있다는 이점을 누림과 동시에 글을 통해 사고의 호흡을 길게 끌고 갈 수 있다는 대안도 가지고 있습니다. 도통 글을 읽지 않으려 한다는 게 큰 문제지만 말입니다.

책 읽는 사람이 갈수록 줄어드는 현상이 어제 오늘에 국한된 일은 아니지만, 요즘은 정말 심각합니다. 서울만 해도 책방이 아예 없는 동洞이 1/3에 달한다고 하지요. 많은 사람들이 한 해에 단 한 권의 책도 읽지 않는다는 충격적인 통계도 있습니다. 예전에는 주로 책을 통해 필요한 지식과 정보를 습득했고, 이를 바탕으로 보다 나은 삶을 설계했지만 지금은 상황이 많이 다릅니다. 지식과 정보를 구할 수 있는 채널은 얼마든지 있으니까요. 하지만 책이 갖는 독보적인 장점을 무시해서는 안 됩니다. 글이라는 긴 호흡의 사고뿐 아니라 하나의 주제를 체계적이고 깊게 습득할 수 있게 해주는 최고의 수단이라는 점이지요. 그러니 '책 안 읽어서 불편한 거 없으니 괜찮아' 하면서 안심하시면 안 됩니다. 언젠가 땅을 치고 후회할 날이 오게 될 테니까요.

문어인 글과 책을 강조하고, 구어인 말과 영상매체를 무시하거나 깎아내리려고 드리는 말씀이 아닙니다. 이 둘의 조화를 통해 다양한 정보와 지식을 신속하게 흡수하고, 깊고 폭넓은 사고와 판단력을 키워야만 우리가 원하는 삶을 얻을 수 있다고 강조하는 것입니다.

청소년 시기에 영상과 말에만 익숙해져서 글을 안 봐도 된다고 믿게 되면 글에 대한 갈증 자체가 점차 사라집니다. 그런 갈증이 없으면 책이나 글을 접하고 싶다는 생각 자체가 없어지거든요. 어쩌다가 큰 맘 먹고 '책이나 읽어볼까' 하고 앉아도 머리만 아픕니다. 글은 읽는 사람 스스로 그 대상을 시각적으로 해석하고 머릿속으로 개념화하여 쓸모에 맞게 전환하는 꽤 번거로운 절차를 거쳐야 비로소 이해되기 때문입니다.

반면 말은 쉽게 이해됩니다. 대개 상대를 보면서 하거나 영상을 보면서 듣기에 언어 이외의 측면인 감성, 공감, 관계성 등 분위기의 도움을 받을 수 있으니까요. 게다가 말로 하는 문장은 짧아서 이해하기도 훨씬 쉽습니다. 문제는 '짧은 말'만 통용되기 시작했다는 점이지요.

부모님 세대는 문어에서 구어로 넘어가는 세대입니다. 구어에 대한 친

근감도 있지만 문어를 통해 깊은 호흡의 문장을 경험한 세대지요. 그러
나 자녀들은 구어 전용 시대를 살고 있습니다. 우리는 이 대목에 주목
해야 합니다.

상像의 시대에서 문자의 시대로, 다시 상의 시대로

인류 역사 전체로 놓고 본다면 거의 대부분이 상像의 시대였습니다. 쉽게 말해 그림으로 그려서 기록하거나 전달했습니다. 알타미라 동굴의 벽화에 그렸던 들소 그림이 그렇고, 고대 이집트의 피라미드에서 볼 수 있는 그림이 그렇습니다. 중국의 초기 한자 같은 상형문자象形文字도 그림에서 비롯되었지요.

자연스러운 시작입니다. 그림을 그릴 수 있는 능력은 다른 동물이 지니지 못한 선물입니다. 그림은 누구나 쉽게 이해할 수 있습니다. 그러나 그리 경제적이지는 못해요. 게다가 그림을 잘 그리지 못하는 경우도 많아서 제대로 의사가 전달되지 못한다는 한계도 있습니다. 인간이 전달해야 하는 내용이 많아지고 한 사회가 체계화되면서, 즉 기록과 문서의 필요성을 느끼게 되면서 인류는 여러 형태의 글자를 만들어냈습니다. 그런데 그게 고작해야 5천 년 전쯤의 일이에요. 인류 역사 전체로 본다면 '아주 최근의' 일인 셈입니다. 게다가 문자를 쓰거나 읽을 수 있는 사람들은 매우 극소수였습니다. 글자를 안다는 것만으로도 매우 높은 지위에 있다는 것을 상징하던 사회였어요.

시간이 흐름에 따라 문자가 주는 매력은 점차 확대되었고 점점 더 많은 사람들―물론 그때까지는 이른바 상류사회에 속하는 사람들만―이 글자를 배우고 익히며 사용하게 되었습니다. 글자를 읽을 수 있는 사람이 많아지면서 생각과 판단의 범위도 확장되었고, 자기 자신에 대한 인식도 강해졌습니다. 권력자들이 대중이 글을 배우는 걸 꺼렸던 것도 그렇게 머리가 깨어 자신에게 대들까 싶었기 때문이기도 했습니다. 이른바 인본주의人本主義를 주장했던 르네상스 시대가 가능했던 것도 글을 읽는 사람들이 늘고 책의 출판도 크게 늘었기 때문입니다. 그러나 아직은 '대중의 문해文解' 시대는 아니었습니다.

많은 이들이 글을 읽고 쓰게 된 것은 산업혁명 덕분입니다. 흔히 교육을 '백년대계百年大計(라고 쓰고 '백년하청(百年河淸)'이라 읽지만요)'라고 하지만 교육은 근본적으로 그 시대와 사회가 요구하는 노동력을 배양하고 공급하는 역할을 담당합니다. 산업혁명 초기만 해도 사람들이 공장에서 하는 일들은 원료를 운반하거나 단순한 기계를 작동시키는 일, 그리고 완성된 제품을 운반하는 일들 위주였습니다. 주로 허드렛일들이었지요. 글을 전혀 몰라도 아무런 문제가 되지 않았습니다. 그러나 점점 기계가 발전하고 복잡해지게 되면서 일종의 작업 지시서가 내려오게 됩니다. 예를 들어 '오늘 작업은 A라는 원료를 몇 파운드, B라는 원료를 몇 파운드 각각 몇 대 몇의 비율로 혼합하여 몇 도에서 몇 시간 가열한 뒤 몇 도에 식혀서 어쩌고 저쩌고…' 하는 식의 지시를 전달할 수 있으려면 작업자가 글을 읽을 수 있어야 합니다. 그래서 대중 초등교육을 통해 그 일을 수행하게 만들면서 비로소 대다수의 사람들이 글을 읽고 쓸 줄 알게 되었던 것입니다.

이렇게 글을 읽게 되면서 대중은 엄청난 지식과 정보를 습득하게 되었고, 마침내 삶도 변화하게 되었습니다. 글의 위력이 일반화된 세상이 된 겁니다. 이 사실을 감안한다면 글의 전성시대는 고작해야 200여 년쯤밖에 되지 않는데요. 19세기와 20세기는 가히 '문자의 전성기'였습니다. 글을 읽을 줄 모르면 그 사회에서 얻을 수 있는 게 지극히 제한되었던 시대였습니다.

그러나 그 전성기가 마냥 지속되지는 않았습니다. 20세기 들어 과학의 눈부신 발전은 새로운 영상의 시대를 열었어요. 이전 세기에서 시작된 사진은 동작까지 담을 수 있는 영화로 이어졌고, 20세기 중반에는 집 안에서 세상을 바라볼 수 있는 TV의 시대가 열렸습니다. 그리고 이제는 손바닥에 쥔 스마트폰으로 원하는 모든 정보와 지식을 얻을 수 있습니다. 다시 상像의 시대가 된 것입니다.

그리 길지 않았던 문자의 시대가 새로운 상의 시대로 이어지면서 '자연스럽게' 책을 읽지 않아도 되는, 읽을 필요가 없는 시대가 되었습니다. 글자를 읽는다는 건 생각보다 많은 에너지와 시간을 요구합니다. 반면 영상을 이용하면 다양한 정보를 빠르게 얻을 수 있어요. 이제 대중은 굳이 책을 읽어야 할 까닭이 없다고 생각합니다. 그래서 우리는 빨라지는 영상 매체의 속도에 비례하는 속도로 문자 혹은 책의 세상을 떠나고 있습니다. 이런 마당에 책을 읽으라니, 시대착오도 이만저만이 아닙니다.

그러나 문자의 시대가 완전히 저문 것은 아닙니다. 그래서도 안 됩니다. 오히려 지금은 문자와 상이 결합하는 새로운 미디어의 시대가 되었습니다. 이를 창출하는 사람의 삶이 더 앞서 갈 수 있는, 혹은 더 밀도 있고 당당한 주체적인 삶을 살아갈 수 있는 그런 기회의 시대가 된 것입니다. 그런데도 상의 시대에만 함몰해서 산다면 안타까운 결과에 이를 게 뻔합니다. 결코, 구세대의 한탄이라고 무시할 일이 아닙니다.

손재주와 언어 사이

흔히 "한국인은 손재주가 좋다"는 말을 자주 합니다. 특히 산업화시절을 회고할 때나 경연대회 결과를 보도할 때 많이 나오는 말인데요. 듣는 사람들도 당연하다고 여깁니다. 그런데 정말 그런 형질이 우리 민족에게 있는 걸까요? 그렇지 않습니다. 예를 들어 부모가 다른 나라로 이민 가서 낳은 아이들, 즉 한국어는 거의 사용하지 않고 현지 언어를 모국어로 사용하는 2세대들에게는 우리가 흔히 말하는 '손재주'가 별로 없다고 합니다. 그렇다면 세계기능올림픽에서 16연패라는 불가사의한 기록을 세우고, 또 실제로도 섬세한 손재주를 발휘하는 모습을 어렵지 않게 목격할 수 있는 것은 대체 어떻게 설명해야 할까요?

저는 이 현상이 언어에서 비롯된다고 생각합니다. 한 가지 예를 들어볼게요. '노랗다'라는 말과 비슷한 표현을 떠올려보세요. '누렇다', '노르스름하다', '누리끼리하다', '누리튀튀하다' 등 스무 가지 이상의 말들을 찾아낼 수 있습니다(에스키모에겐 '하얗다'는 색의 표현어가 200여 가지나 된 답니다). 색깔에만 해당될까요? 아니지요. '짜다'의 비슷한 말로 '짭짤하 다', '간간하다', '짭조름하다' 등 금세 열 가지쯤 되는 낱말을 떠올릴 수 있습니다. 우리말에는 그만큼 감각언어가 풍부합니다. 감정을 표현하는 언어도 마찬가지예요. 예를 들어 '짠하다', '기뻐서 팔짝 뛰고 싶다', '심 장이 쿵 내려앉는다', '씁쓸하다' 등 감정을 나타내는 언어들도 매우 많 습니다. 물론 어느 언어나 다 그렇겠지만 그 종류와 수로 따지면 확실히 우리말에는 감각어가 풍부합니다.

다음 경우를 생각해봅시다. 실내 한쪽에 파란색 계통의 플라스틱 통 이 다섯 개 있고, 그 안에 빨간색 계통의 여러 막대기들이 담겨 있습니 다. 그 옆에는 노란 계통의 노끈이 다섯 묶음 있습니다. 실내의 다른 한 쪽에는 검은색 계통의 플라스틱 통이 다섯 개 있습니다. 누군가 이렇게 말합니다. "저쪽 귀퉁이에 있는 '새파란' 통에서 '불그스름한' 막대기 세 개를 골라 '누런' 끈으로 묶어서 이쪽 귀퉁이에 있는 '거무튀튀한' 통으로 옮겨라." 이 명령을 정확하게 수행할 수 있을까요? 아마 한국인에겐 어느 정도 가능할 겁니다. 그러나 외국인들은 그런 명령의 문장을 만들 수 없 을뿐더러 그 말을 듣고 행동으로 옮길 수도 없습니다. 다양한 감각과 감 정의 언어들이 한국인의 손재주를 낳은 장본인이라 보는 이유입니다.

한 가지 예를 더 들어볼게요. 전 세계 병아리 감별사의 약 90%가 한 국 사람이라고 합니다. 한국 감별사들은 정말 빠르고 정확하대요. 병아 리를 손가락으로 쓱 훑기만 해도 암수를 구별한답니다. 서양 사람들은

'새파란' 통에서
'불그스름한' 막대기
세 개를 꺼내서...

뒤집어서 일일이 눈으로 봐야 하고요. 아마 그 사람들 눈에는 우리 민족이 신의 경지에 이른 사람으로 보일 겁니다. 오죽하면 그 사람들이 한국인 감별사의 손을 '마법의 손magic finger'이라고 부르겠습니까. 한국인들 손에 특별한 눈이라도 달려 있는 걸까요? 아닙니다. 그렇다면 대체 어떻게 해서 이런 결과가 가능한 걸까요?

비결은 '풍성한 언어'에 있습니다. 우리의 언어에는 감각을 다루는 매우 다양하고 세밀한 낱말들이 많아요. 한국인은 그런 언어를 배우고 쓰면서 자라 놀라울 만큼 분화된 감각을 습득하게 된 것입니다.

우리는 어떤 대상을 보는 순간 색채를 분별하고 인식합니다. 여기서 모인 감각이 언어라는 코드로 신경을 통해 뇌에 전달되고 수용됩니다. 뇌가 각 신체기관에 명령을 내릴 때 역시 신경을 통해 언어라는 코드로 전달하고, 눈과 손은 그것을 수용해서 명령을 수행합니다. 그런데 그 언어의 갈래가 아주 다양할뿐더러 제가끔 미묘한 차이를 보이는데요. 이것이 바로 섬세한 행동을 할 수 있는 배경입니다. 말의 갈래가 많으면 그만큼 인식과 명령의 갈래가 많아질 수밖에 없고, 그 다양한 언어의 갈래에 따라 신체기관이 명령을 수행하는 것입니다. 이 과정이 바로 '손재주의 비결'입니다. 당연하다고 여기며 무심코 사용해온 언어에서 놀랄 만한 차이가 비롯된다니, 정말 경이로운 일입니다.

감각의 언어에서 사고의 언어로

이번에는 '생각하다'와 비슷한 말을 떠올려보세요. 어떤 낱말들을 찾으셨나요? '사유하다', '사고하다', '숙고하다', '성찰하다' 등의 낱말들일 겁니다. 그런데 이 낱말들에는 공통점이 있습니다. 무엇인지 눈치 채셨지요? 그렇습니다. '사유思惟', '사고思考', '숙고熟考', '성찰省察'. 모두 한자에서 온 말들입니다. 순우리말은 감각과 감정의 언어가 엄청나게 풍부한 반면 개념이나 관념을 다루는 말은 많지 않습니다. 이런 영역의 말들은 거의 다 한자에서 빌려왔지요.

일상에서 우리가 쓰는 구어(입말) 가운데엔 순우리말이 압도적으로 많습니다. 하루에 구사하는 말 가운데 '사유'나 '정의' 같은 낱말들을 얼마나 썼는지 떠올려보면 알 수 있습니다. 가족들이 일주일에 그런 낱말들을 얼마나 사용하고 있는지 함께 기록해보는 것도 흥미롭고 유익할 겁니다. 분명 생각보다 많지 않을 거예요. 군이 그런 말을 쓰지 않아도 충분히 의사소통을 할 수 있으니까요. 어떤 경우엔 상대방에게 위화감을 주거나 잘난 체하는 것처럼 느껴질까 봐 발화자가 이런 단어 사용을 꺼리기도 합니다.

우리말에 감각언어와 감정언어가 풍부해서 다양한 감각을 표현하고, 복잡 미묘한 감정을 풀어내는 데 도움이 많이 된다는 것은 대단한 장점입니다. 큰 축복이에요. 문제는 관념과 개념을 다루는 언어가 취약하고, 그것들이 일상의 '말'에서 별로 사용되지 않으며(사용하지 않으면 자연스럽게 퇴화되고 도태되겠지요?), 익숙하지 않다는 점입니다. 부인할 수 없는 사실이지요.

좀 더 나아가봅시다. 우선 관념과 개념을 다루는 언어를 '사고언어'라고 명명하겠습니다. 저는 그런 언어들이 일상의 삶에서 자연스럽고 다양하게 쓰이기를 바랍니다. 그러나 안타깝게도 우리들, 특히 우리 아이들의 대화에서 절대 다수를 차지하는 언어는 감각과 감정의 언어입니다. 그마저도 아주 짧게, 혹은 토막 내서 쓰지요. 그렇다고 해서 감각언어와 감정언어를 자유자재로 활용하는 상황도 아닙니다. 기억의 창고에는 제법 많이 쌓아두었을지 몰라도 실제로 꺼내서 사용하는 건 얼마 되지 않습니다. 주변 사람의 언어생활을 한번 유심히 관찰해보세요. 대개 비슷한 층위의 단어들을 쓰고, 유사한 감탄사로 반응하고, 감정 표현도 매우 일률적임을 알게 될 겁니다. 그러다 보니 감정이나 감각 역시 다양해지거나 분화되지 못합니다. 깊어지지도 못하고요. 대단히 우려스러운 일 아닙니까?

앞에서 사고언어가 일상에서 잘 쓰이지 않는다고 했는데요. 감각언어와 감정언어에 밀려서 그렇습니다. 그런 말을 쓰지 않아도 가볍게 소통하는 데엔 문제가 없거든요. 소통의 대상이 감각과 감정만 있는 게 아닌데도 말입니다. 이런 상태가 계속된다면 머지않아 사고언어가 사라질지도 모릅니다. 무엇이든 쓰지 않으면 도태되고 소멸되잖아요.

사고언어의 터전은 '글'입니다. 그런데 요즈음 글을 별로 읽지 않는 흐름이 주류가 되어가고 있어요. 흐름을 막는 건 어리석은 일입니다. 다양한 시각정보, 심지어 글로도 설명하지 못할 엄청난 내용의 정보와 지식까지 영상으로 전달해주는 세상에서 일부러 글로 그것들을 습득한다는 건 시대착오적이에요. 하지만 가만히 생각해봅시다. 그런 영상정보들을 만들어내는 밑그림은 어떤 언어로 그려질까요? 감각언어와 감정언어로 충분할까요?

'당장 먹기에는 곶감'이라는 말처럼 편하고 쉬운 감각언어와 감정언어로만 소통하고 영상정보로만 지식을 습득하는 데 익숙해지면 텍스트로 된 정보 처리가 점점 어려워집니다. 아니, 글을 보는 것 자체가 매우 불편해집니다.

뇌는 우리가 다양한 감각기관을 활용해 습득한 정보들을 신경체계를 통해 전달 받습니다. 그리고 그것들을 체계화합니다. 또한 뇌는 신경체계를 통해 신체의 각 기관에 명령을 내립니다. 이 모든 일은 언어라는 코드를 통해 이루어지는데요. 인간의 뇌는 컴퓨터로 치면 일종의 CPU, 즉 중앙처리장치와 같습니다. 감각, 감정, 사고 등 모든 것이 여기에 모이지요. 물론 언어라는 코드로 말입니다.

우리가 흔히 컴퓨터의 성능을 따질 때 CPU 용량을 따지는 것처럼 인간에게도 뇌의 용량이 중요합니다. 뇌는 모든 정보를 언어라는 코드로 수용하고 명령합니다. 그런데 계속해서 수용되는 정보언어 대부분이 감정과 감각을 다루는 내용으로 이루어진다면 어떻게 될까요? 더구나 그 내용조차 갈수록 짧아지는 언어로 수용되고 전달된다면요? CPU의 용량도 작아집니다. 바꿔 말해볼까요? 정보언어에서 관념이나 개념을 다루는 사고언어의 몫이 적어질수록 뇌라는 CPU의 용량이 저절로 축소된다는 뜻입니다.

단순히 "추상적인 언어를 많이 쓰자"고 강조하는 게 아닙니다. 각각의 정보를 다양한 언어로 분류하고 구분하고 조절하며 통제할 수 있도록 언어의 기능을 최대화하자는 뜻이지요. 그러려면 어떻게 해야 할까요? 관념어나 개념어 같은 추상적인 언어, 즉 사고언어를 적극적으로 사용해야 합니다.

추상적 언어를 일상에서 사용해보자

사전적 의미로 추상이란 '여러 가지 사물이나 개념에서 공통되는 특성이나 속성 따위를 추출하여 파악하는 작용'입니다. '여러 가지', '공통', '추출'이라는 말들이 뼈대가 되는 말입니다. 여러 가지를 공통으로 설명할 수 있다는 것은 두 가지 작용을 함축합니다. 하나는 특성과 본질을 가려낼 수 있어야 가능하다는 점입니다. 추상에는 언어와 기호가 있습니다. 기호로서의 추상의 대표적인 케이스가 바로 수數입니다. 재질이나 다른 특성 등은 모두 무시하고 오로지 개체로서만 지칭하죠. 그 수의 조합과 연결의 방식은 가장 추상적인 인식 작용입니다. 따라서 수학이란 이러한 추상적 개념과 연결의 법칙을 이해하는 과정이기도 합니다. 그러니 추상적 언어를 제대로 사용할 수 있는 능력과 수리적 능력이 전혀 무관하다고 이야기할 수는 없을 것 같습니다. '가려낸다'는 것은 분별할 수 있는 능력 혹은 판단할 수 있는 능력을 담고 있습니다. 가려낼 수 있어야 여러 가지에서 '공통적인 것'을 인식할 수 있습니다. 그리고 그것을 언어로 '추출'할 수 있을 때 비로소 내 안에서 논리적이고 실질적인 이해가 가능해집니다.

또 하나는 바로 그 추상 작용을 통해 '나 자신'이 주체가 될 수 있다는 점입니다. 각각의 대상이나 개념은 독립적입니다. 그러나 '내가' 그 공통의 특성이나 속성을 가려 뽑는다는 건 그 각각의 대상이나 개념에는 없는 것입니다. 설령 내가 직접 그 과정에 관여하지 않았다 하더라도 그 추상 작용을 통한 이해 과정은 결국 내가 주체거나 컨트롤러controller가 된다는 것을 함축합니다. 이러한 인식 과정은 세상을 인식하고 파악하는 중심 혹은 주체로서의 나에 대한 당당한 독립성과 존재감을 마련하는 중요한 토대가 됩니다.

이러한 추상적 작용들은 거의 '언어'를 통해 형성되고 인식되며 교환됩니다. 그러므로 추상적 언어 사용을 낯설고 어렵다며 기피해서는 안 됩니다. 언어도 사람이 만든 것이고 추상도 사람이 만들어낸 활동인데, 사람이 만들어낸 것을 사람이 거북해하고 어려워한다면 뭔가 단단히 잘못된 것입니다. 하루 빨리 언어와 추상의 주인으로서의 사람의 몫을 되찾아야 합니다. 하지만 갈수록 그런 언어들이 퇴색하는 추세입니다. 그걸 어찌할 도리는 없습니다. 영상 미디어 덕분에 굳이 추상의 능력을 발휘할 일도 없는 세상입니다. 하지만 거기에 순응하다가 결국 추상 능력을 상실하게 될 인간의 미래란 그다지 밝지도 바람직하지도 않습니다.

그렇다면 어떻게 해야 이러한 추상언어에 낯설어하지 않고 그것의 주인이 될 수 있을까요? 무엇보다 일상의 언어 습관에서 '의도적으로' 추상언어를 사용해야 합니다. 그런 언어가 퇴색하는데 뭐 하러 일부러 배우느냐고 묻는 분들께는 '그냥 사시라'고 하겠습니다. 굳이 싫다는 걸 강권할 까닭도 없고 그런다고 어차피 따르지도 않을 테니까요. 다만 그런 삶이 그리 바람직할 것 같지는 않다는 것만 분명히 말씀드립니다.

대화를 막 시작했는데 상대편이 불쑥 어려운 낱말을 꺼냈습니다. 어떤 느낌이 드세요? 아마 거리감을 느끼실 겁니다. 동시에 '어, 저런 말을 다 쓰네?' 하는 약간의 놀라움도 일겠지요. 어쩌면 어휘 수준에 감복하여 그 사람을 '다시 보게' 될지도 모르고, '나도 언젠가 써보고 싶다'는 생각도 하게 될지 모릅니다. 추상적인 언어들과 친해지려면 어떻게 하면 좋을까요?

가능한 한 일상에서 사용할 수 있는 쉬운 어휘들을 먼저 챙기는 것이 좋습니다. 예를 들어 아이들에게 '나무, 책, 선비'라는 세 낱말을 제시하면서 그것들의 공통적 속성이나 특징에 대해 서술해보라고 합니다. 연상 작용이 필요하겠지요? 여러 가지 낱말이 나올 겁니다. 어떤 건 둘의 속성과 특징에는 적합하지만 다른 하나와는 딱 떨어지지 않는 경우도 있겠지요. 세 낱말의 공통적 속성이나 특징을 찾아내는 게 생각처럼 쉬운 일은 아니거든요. 하지만 그런 사고 작용을 통해 어떤 능력이 증강될 수 있는지 상상해보세요. 어떤 사람은 '기록'이라는 낱말을 또 어떤 사람은 '종이'라는 낱말을 떠올릴 겁니다. 먼저 종이라는 낱말을 떠올린 경우를 보면 '질료'의 공통적 속성의 고리로 본 것임을 알 수 있습니다.

책은 종이로 만듭니다. 그 종이는 나무에서 만들어집니다. 그리고 선비는 종이로 된 책을 읽습니다. 그건 사물의 질료적 공통적 속성을 꿰어 추출한 것입니다. 그런데 기록이라는 낱말을 떠올린 경우는 '행위' 혹은 '인과'의 관계로 파악한 것입니다. 책을 만드는 종이는 나무에서 오지만 책의 본질은 종이가 아니라 기록이며 그 기록된 것을 선비가 쓰거나 읽는 것입니다. 추상을 여러 면으로 해석할 수 있지만 위와 같이 어떤 속성이나 특징의 공통점을 뽑아낸다는 면에서 이는 분명히 '사유 작용'임을 알 수 있습니다.

언어의 추상성 혹은 추상언어에 대한 친근함 혹은 능숙함은 지각의 능력을 크게 성장시킵니다. 특히 상상력 향상에 큰 도움이 됩니다. 상상은 지각을 통해 외부 사물을 확인하는 것이 아니라 머릿속에서 구상하는 행위입니다. 감각이나 지각을 통해 외부 사물을 확인하는 것은 즉각적이고 직감적입니다. 그러나 그것은 동시에 제한적이고 실제로 사고의 작용을 제한합니다. 다른 것을 생각하거나 상상할 여지가 없습니다. 상상이란 '가능한 세계'를 그려낼 수 있는 힘을 갖습니다. 특히 미래 시대에 절대적으로 요구되는 힘이지요. 그러니, 말로만 상상력이 중요하다고 되풀이할 게 아니라 상상력을 키울 수 있는 추상언어를 자유롭게 다룰 수 있는 힘부터 키워줘야 하겠습니다.

다음의 낱말을 사용해서 문장을 만들어본다고 가정해봅시다.

인성	품격	경색	섬세함	관용
추정	몰입	해후	명예	조급
시심	재질	관망	공명	통찰

우선 이 낱말들을 하루에 몇 개나 몇 번이나 쓸까요? 체크해보세요. 아이들은 차치하고 어른들도 생각보다 별로 쓰지 않을 겁니다. 좋은 우리말 두고 한자에서 빌려온 말을 쓰는 게 썩 내키지 않는다고 여길 수도 있겠지요. 하지만 이미 우리의 언어로 굳어진 것을 일부러 외면할 까닭도 없거니와 딱히 적당한 우리말이 없거나 혹은 있더라도 어감의 묘한 차이가 느껴지기도 합니다. 한글 전용을 강조하는 북한에서도 그렇게 굳어진 한자말은 특별한 저항 없이 그대로 쓰는 것을 봐도 그렇습니다. 과하면 모자람만 못하니 지식 자랑하는 의도에서 그런 말을 과용하는 것은 바람직하지 않지만 너무 외면하면 나중에는 그 언어들이 우리를 외면하게 된다는 점도 잊지 말아야겠습니다.

추상언어가 여러 사물이나 개념에서 공통되는 특성이나 속성 따위를 추출하여 작용하는 언어라는 점을 뒤집어보면 그런 낱말에서 공통적 특성이나 속성을 띠면서 다른 의미와 용도를 갖는 경우도 추정할 수 있습니다. 이것은 매우 의미심장합니다. 여러 갈래로 그 뜻과 쓰임이 확장될 수 있기 때문입니다. 그 확장성이 나의 사고 활동을 통해 이루어진다는 것은 내가 주체적 중심이라는 점에서 긍정적이며 그 확장이 자의적인 게 아니라 공통되는 특성이나 속성이라는 기본적 조건을 수렴한다는 점에서 매력적입니다. 수학의 적분과 흡사한 과정입니다. 적분이 아무렇게나 면적을 구하는 게 아니라 integral a와 β 범위 내에서의 면적을 산출하는 것처럼 각 갈래의 말들이 어떤 공통적 조건을 만족시키며 다양하면서 가능한 범위를 담고 있는지 따져보는 건 그냥 어떤 낱말의 뜻을 배우고 익혀서 쓰는 것과 크게 다릅니다. 같은 말을 쓰면서도 어떻게 그것을 다루고 키우고 쓰느냐에 따라 그 결과는 매우 달라질 테니까요.

수식어가 사라졌다!

말과 글은 '섬세한 사유, 다양한 감각, 깊은 감정'을 담아내는 그릇과 같습니다. 음식에 따라 용기容器가 달라지는 것처럼 우리의 말과 글도 내용에 따라 달라집니다. 그리고 말과 글의 길이는 사고 호흡의 길이에 비례하지요. 앞에서 이미 말씀드린 것처럼 '짧은 문장'이 반복되면서 '짧은 호흡의 사고'만 하게 되는 것도 문제지만, 여기에는 또 다른 문제점이 도사리고 있습니다. 어른들은 별로 주목하지 않지만, 저는 이 부분이 매우 중요하다고 생각합니다. 바로 '수식어' 사용의 문제입니다.

우리말에는 풍부한 감각언어와 감정언어가 있다고 했습니다. 그것들은 문장의 중요한 '성분'은 아닙니다. 문장을 구성할 때 '있어도 그만, 없어도 그만'입니다. 적어도 문법적으로는 그렇습니다. 하지만 '불필요'하다고 해서 수식어가 제거된 문장을 반복해 사용하다 보면 다양한 수식어들이 저절로 힘을 잃거나 언젠가 사라지게 되지 않을까요?

예를 들어보겠습니다. 가을 숲에 가서 아름다운 단풍을 보면 어른들은 그 감동을 다양한 언어로 표현합니다.

"숨 막히게 아름다운 저 불타는 단풍 좀 봐.
내 가슴이 붉게 타오를 것만 같아."
"어쩌면 저렇게 아름다울까! 신의 솜씨가 아니고서는
저런 절경은 결코 빚어질 수 없을 거야."
"붉은 색만 있는 게 아니야. 형형색색 조화롭게 온갖 색깔들이
한 데 어우러져 빚어내는 저 빛의 향연이란!"

이런 식으로 감탄을 쏟아냅니다. 말하는 순간, 문장을 구성하는 낱말 하나하나가 말을 하는 사람과 듣는 사람의 마음에, 그리고 머리에 구체화됩니다. 같은 상황에서 아이들은 어떻게 말할까요? 요즘 아이들이 쓰는 표현을 들어봅시다.

"와우! 졸라 멋진데?"
"끝내줌!"
"죽인다!"
"쩔!"
"대박!"

대개 이런 식입니다. 아이들도 눈이 있으니 그 모습은 그대로 시각적으로 감각하여 뇌에 정보를 전달하겠지요. 그런데 관형사(영어식으로 하면 형용사)나 부사 등을 별로 쓰지 않습니다. 수식어를 거의 사용하지 않는 거예요. 카톡이나 여러 SNS에서 가능하면 짧게 쓰는 게 유리하기 때문에 '불필요한' 수식어는 의식적으로 사용하지 않게 되는 것도 큰 영향을 끼칩니다. 이렇게 수식어를 활용하지 않다 보면 언어의 섬세함과 다양성을 놓치게 됩니다. 감각도 감정도 세분화되지 못하고 섬세하게 읽히거나 다루어지지 않습니다. 그 결과, 그런 낱말들이 지닌 감각과 감정 정보를 형성하지 못하게 되어 콘텐츠의 부실을 초래하게 됩니다. 무늬만 살짝 달라질 뿐 내용은 거의 비슷한 콘텐츠들이 대거 생산되는 배경입니다.

다시 급식체로

요즘 '21세기는 콘텐츠의 시대'라느니 '콘텐츠의 생산 능력을 키우는 것이 미래의 경쟁력'이라느니 하면서 '콘텐츠'를 둘러싼 담론이 무성해졌는데요. 대체 '콘텐츠'의 정체는 무엇인가요? 정확히 무엇을 뜻할까요? 콘텐츠contents라는 말의 사전적 의미는 '내용물 또는 목차'입니다만, 글자 텍스트 정보 혹은 영상 비디오, 음악, 사진, 그림 등 멀티미디어 서비스를 형성하는 지적재산권이기도 합니다. 좀 더 넓게 보면 콘텐츠는 인간이 생산하고 소비하고 수용할 수 있는 모든 유무형의 지식, 정보, 감정, 감각, 경험, 상상력 등을 두루 포괄합니다.

그렇다면 콘텐츠는 무엇으로 만들어질까요? 영상이나 음악을 통해 만들어지는 콘텐츠도 있지만, 가장 기본적으로는 문자로 형성됩니다. 그러니 문자의 창고가 빈약해지면 당연히 콘텐츠도 빈약하게 되지요. 그뿐인가요? 시각·청각을 통해 주고받는 것들도 결국에는 언어로 번역되어 뇌에 전달되는 만큼 '문자는 기본 중의 기본'이라 할 수 있습니다. 따라서 우리는 콘텐츠의 근간인 문자를 다양하게 활용하고, 체계적으로 분류하며, 때로는 필요에 따라 통합할 수 있는 능력을 배양하는 데 방점을 찍어야 합니다.

급식체의 문제는 어른들이 몰라서 당혹스럽고, 그걸 모르면 시대에 뒤떨어지는 것처럼 느껴지거나 소외감을 야기한다는 점이 아니라 다양한 콘텐츠의 가능성을 억제한다는 점입니다. 예를 하나 들어볼까요?

"가을 햇살이 내 에나멜 구두 콧등에서 오물거리고 있었다."

(김승옥, 「무진기행」 중에서)

"누군가를 정말로 이해하려고 한다면

그 사람의 입장에서 생각해야 하는 거야."

"네?"

"말하자면 그 사람 살갗 안으로 들어가

그 사람이 되어서 걸어 다니는 거지."

(하퍼 리, 『앵무새 죽이기』 중에서)

두 소설에서 각각 따온 문장과 대화들입니다. '햇살이 구두 콧등에서 오물거리는' 모습에서 떠올려지는 감정들은 그 낱말들이 빚어낸 사고의 산물입니다. '그 사람 살갗 안으로 들어가 그 사람이 되어서 걸어 다니는' 느낌은 무엇일까요? 바로 '공감'입니다. 같은 내용을 어떻게 표현하느냐에 따라 뜻은 같거나 비슷해도 느낌이나 감각은 매우, 혹은 조금씩 다릅니다. 그런 섬세한 사유와 다양한 감각, 그리고 깊은 감정들이 바로 언어에서 비롯된다는 것을 꼭 주목해야 합니다.

내가 영화감독이 되어 영화를 찍는다고 상상해봅시다. 대본에 따라 상황이 설정됩니다. 각자에게 주어진 대사에 따라 각 배우들이 연기합니다. 감독은 그냥 흐름에 따라 영화를 전개하고 촬영하기만 하면 될까요? 아니에요. 장면 하나하나, 대사 하나하나 세밀하게 읽어내고 풀어내야 합니다. 카메라도 마찬가지예요. 그냥 렌즈를 통해 들어오는 장면을 찍기만 하는 게 아닙니다. 우리가 영상을 감상할 때는 전체가 물 흐르듯 자연스레 흘러가지만 그렇게 보이기까지 수많은 토론과 세밀한 작업이 반드시 선행되어야 하지요. 즉 어떤 분야의 작업이든, 어떠한 콘텐츠이든, 직관에 의해 한꺼번에 한순간에 이루어지는 것은 없습니다. 그리고 그 모든 것은 결국 '언어'라는 매개를 통해 분석되고 해석되며 영상으로 표현됩니다. 그러니까 만약 누군가가 영화감독이나 배우가 되고 싶다면 풍부한 언어를 소화하고 표현하는 훈련을 거쳐야 할 것입니다. 최대한 다양한 언어를 사용할 수 있어야 합니다. 그래야만 그 말이 갖는 의미를 스스로 의식하고 판단하며 행동할 수 있습니다.

짧고 간단한 언어만 써도 의사소통을 하는 데에 별 문제가 없다면서 대수롭지 않게 넘길 일이 아닙니다. 이제부터 가정에서나 학교에서나 '의식적으로라도' 다양한 언어를 사용하는 습관을 함께 길러나가야 하지 않을까요? 그 사람의 말이 그 사람의 삶을 결정합니다.

2장

슬기로운 언어생활

_언어사춘기란 무엇인가?

말도 행동이고 행동도 말의 일종이다.

– 에머슨

'중2병'이 온다!

요즘 부모님들, 자녀가 중학생이 되면 살짝 긴장한다지요? 이른바 '중2병' 탓입니다. 언제 닥칠지 모르는 '그놈의 중2병' 때문에 부모의 마음도 함께 두근거리고 요동칩니다. 그런데 왜 요즘 청소년들은 하필 중학교 2학년 무렵에 그렇게 반항적이 되고 어디로 튈지 모를 만큼 예측불허가 되는 걸까요?

청소년기를 규정하는 특징으로 '사춘기'를 듭니다. 흔히 '슈투름 운트 드랑Sturm und Drang', 즉 '질풍노도'[*]라는 개념으로 설명하지요. 사춘기는 아이의 상태에서 어른의 상태로 변화하는 총체적인 과도기입니다. 아동기에 형성된 사고의 틀이 바뀌고, 몸은 점점 어른의 그것으로 변화하는

---

[*] 18세기 후반에 독일에서 일어난 문학 운동. 계몽주의 사조에 반항하면서 감정의 해방, 개성의 존중 및 천재주의를 주장하였다. 하만과 헤르더가 선구(先驅)를 이루고 괴테와 실러 등이 중심이 되었다.

데 인식과 판단은 아직 성인 수준에 못 미치고, 감정적으로도 자꾸 불안해지는 그런 시기죠. '중2병'은 어쩌면 이 시기의 대표적인 증상이라고 할 수 있습니다. 그런데 왜 하필 '중2병'일까요?

요즈음은 모두가 입시 전쟁에 휘둘리고 있습니다. 부모도 아이도 마찬가지예요. 날이 갈수록 경쟁은 치열해지기만 합니다. 입시뿐만이 아니지요. 취업도 전투를 치르듯 준비해야 합니다. 이런 상황인 만큼 어린 티를 막 벗은 중학교 1학년만 되어도 가정에서나 학교에서나 요구 사항이 많아집니다. 모두들 '중학교부터 준비해야 그나마 살 수 있다'고 생각하니까요. 그런데 중학교 1학년은 청소년기에 막 접어들은 터라 내 자신과 주변에서 일어나는 많은 변화를 관찰하기에도 바쁩니다. 머리는 커졌는데 어른들은 여전히 아이로 취급하고, 부모나 교사의 공부 타령은 점점 더 세집니다. 그러다가 중학교 3학년이 되면 '예비 고등학생'이라는 딱지를 달아야 합니다. 본인이 원하든 말든 본격적인 수험생 생활을 시작하게 되지요. 저항이나 일탈을 시도할 수 없는 상황입니다.

중학교 2학년은 어떤가요? 알 건 아는 상태입니다. 불안과 낯섦은 이미 본격적으로 경험했고, 중3이 되면 저항하거나 일탈할 수 없다는 것도 예감합니다. 그랬다가는 자신의 미래에 치명적인 손실이 될 게 뻔하니까요. 그러니 가장 '만만한' 2학년 때 질풍노도가 몰아치는 것입니다. 아니, 질풍노도가 몰아치는 걸 그냥 내버려두는 거죠. 예전에는 그 질풍노도가 사춘기 내내 즉 중고등학생 시절을 거치며 여러 해 동안 나타났지만 지금은 입시경쟁이 엄청 치열하다 보니 일찍, 그리고 강렬하게 분출될 뿐입니다. 그런데도 어른들은 "쟤들 왜 저래?"라거나 "우리 때는 안 그랬는데" 하면서 이해할 수 없다는 반응을 보입니다. 그 결과 '중2병'을 일반적 현상으로 여기게 되었고, 이제는 '중2병'이란 말을 언론에서도 자주 사용하고 있습니다.

국어사전에서는 사춘기를 '육체적·정신적으로 성인이 되어가는 시기로 성호르몬의 분비가 증가하여 2차 성징이 나타나며, 생식기능이 완성되기 시작하는 시기로 이성에 관심을 갖게 되는, 청년 초기로 보통 15~20세 시기'라고 설명합니다. '9~16세 사이의 소년소녀들'이라고 규정한 사전도 있고, 생물학적으로는 '신체가 성장함에 따라 생식기능이 완성되기 시작하는 시기'라고 압축해서 말하기도 합니다. 어쨌든 사춘기는 아동기를 벗어나면서 큰 변화를 겪는 시기예요. 정신적으로나 사회적으로, 그리고 문화적으로나 정서적으로 갈등을 겪으며 자기중심적인 생각에 빠지는 시기입니다. 연령에 기초한 구분은 개인에 따라 시기가 다양할 뿐 아니라 특성이 출현하는 순서 또한 일정하지 않아서 정확하다고는 할 수 없지만 영어에서 '~teen'이 붙는 나이인 13~19세까지 잡으면 시기적으로는 대략 맞을 겁니다.

사춘기는 중요한 시기입니다. 불안정하고, 어디로 튈지 모르기에 당사자도 부모나 교사도 힘듭니다. 하지만 그 시기에 형성된 자아가 거의 평생을 결정할 수 있다는 점에서, 그리고 어른이 되기 위해서 반드시 제대로 겪고 넘어가야 한다는 점에서 매우 중요한 시기입니다.

언어에도 사춘기가 있다고?

'언어사춘기'라는 말을 들어보셨나요? 아마 거의 없을 겁니다. 사실 이 용어는 공식적으로 사용되는 게 아닙니다. 그러나 머지않아 이 문제에 대해 다양한 연구와 논의가 전개될 전망인데요. 한마디로 언어사춘기란 '아이의 언어에서 어른의 언어로 넘어가는 중간 시기' 혹은 '중간 시기의 언어'를 이릅니다. 미국의 경우, 오랫동안 '관습적으로' 4학년이 되면 과제의 양을 줄이는 대신 '책 읽는 과제'를 늘인다고 합니다. 왜 그런지 과학적으로 밝혀진 바는 없지만 효과적이라 여겼으니 유지해온 게 틀림없습니다. 그런데 최근 뇌과학자들과 교육학자들이 공동으로 연구한 결과 놀랍게도 그 연령 때가 '아이의 언어'에서 '어른의 언어'로 변환되는 시기라는 것, 그리고 실제로 그 시기에 어른의 언어를 습득하는 효율성이 가장 높다는 사실이 밝혀졌습니다.

'어른의 언어'라는 게 무엇일까요? 아이들이 쓰는 '급식체'처럼 어른들끼리만 이해하는 언어를 말하는 걸까요? 아닙니다. 어른의 언어란 어려운 낱말들이 다양하게 쓰이고, 문장이 길며, 다양한 수식어 즉 형용사와 부사의 사용 빈도가 높은 언어를 말합니다. 그러니까 미국에서는 초등학교 4학년이 되면 아이들의 언어생활이 아이에서 어른으로 넘어간다고 인정했다는 뜻이겠지요? 그러나 이는 비단 미국에만 해당되는 게 아닙니다. 우리나라도 마찬가지예요.

흔히 초등학교 6년 과정을 둘로 나누어 1~3학년까지를 저학년, 4~6학년까지를 고학년이라 하는데, 학생들이 사용하는 초등학교 교과서를 살펴보면 왜 4학년이 그 분기점이 되는지 고개가 끄덕여질 겁니다. 예를 들어 초등학교 저학년 때의 문장은 다음과 같습니다.

"우리 동네 개울에 올챙이가 나타났어요.
친구들과 함께 살펴보고 이야기를 나눠보세요."

어려운 낱말도 없고 문장도 도닥이듯 친근합니다. 그런데 4학년이 되면 문장이 이런 식으로 바뀝니다.

"우리 동네 하천에 올챙이가 나타났습니다.
친구들과 함께 관찰해보고 토론해봅시다."

내용은 같지만 말투나 어휘가 달라요. 초등학교 저학년 학생들에게는 어린아이들에게 말하는 것처럼 서술했지만, 고학년에게는 '하천', '관찰', '토론' 등 익숙하지 않은 어휘들을 사용해 말했습니다. 그런 어휘들이 바로 어른들의 언어입니다. 제가 앞 장에서 이야기한 '사고언어'와 맥을 같이하지요. 4학년을 기준으로 이렇게 교과서의 문장이 변화하는 건 언어사춘기를 알아서 혹은 염두에 둬서 그런 게 아니라 4학년쯤 되면 그런 어휘와 문장을 소화할 수 있는, 혹은 소화해야 한다는 판단이 섰기 때문일 것입니다.

여러분의 자녀들이 아주 어렸을 때를 떠올려보세요. 혹시 '혀 짧은 소리'로 아이들과 소통하시지 않았나요? 그런 말을 쓰면서 아이에게 친근감과 동질감을 느끼게 해주고 싶으셨을 겁니다. 혹은 그런 '토막말'을 써야만 아이가 이해할 거라고 생각했을지도 모르고요. 저는 손자나 손녀가 있는 친구들에게 이렇게 말합니다. "예쁘다고 토막말만 쓰지 말고 의식적으로라도 '어른의 말'을 해."

물론 아이에게는 그런 말이 익숙하지 않습니다. 무슨 뜻인지도 몰라요. 그러나 어린아이들도 그 낱말들이 담고 있는 문장의 상황은 이해합니다. 무엇을 의미하는 말인지는 몰라도 지금 상황에 맞는 '어떤 말'이라고 판단할 수는 있어요. 그리고 그 어휘들이 여러 차례 반복되면 대충이나마 그 말의 뜻과 쓰임새를 짐작하게 됩니다. 나중에 책을 읽으면서 그런 어휘를 만나면 '어디선가 들었던 말'이라는 걸 기억할 테고, 그러면 그 말에 대한 친숙함이 생기면서 이해의 속도가 훨씬 빨라질 수 있습니다. 어른들이 '토막말'을 남용하지 말아야 하는 이유지요.

다시 언어사춘기 문제의 본질로 돌아갑시다. 이 시기, 즉 10세 전후[*]가 '어른의 언어'를 습득하는 최적의 시기라는 것인데요. 아이의 언어에서 벗어나야 할 이때를 놓치면 어른의 언어를 습득하는 데 훨씬 더 많은 시간과 노력이 필요하게 됩니다. 심한 경우, 어른의 언어 가운데 어떤 어휘는 평생 써보지 못할 수도 있고요. 그런 언어를 쓰지 못한다는 건 그 말이 지닌 의미의 생활 또는 인생을 누릴 수 없을지도 모른다는 뜻입니다. 그러므로 부모든 교사든 아이들이 이 시기를 놓치지 않도록, 이 기간에 자연스럽게 아이의 언어에서 어른의 언어로 나아갈 수 있도록 도와야 합니다. 어떻게 도울 수 있을까요?

---

[*] 우리 나이로 치면 11세쯤으로 초등학교 3~4학년에 해당하지만, 3~6학년 전체로 봐도 무방하다.

"또 책이냐?"고 물으시거든

언어사춘기를 지나고 있는 아이들에게 가장 도움이 되는 것은 책 읽기입니다. 하지만 무조건 읽으라고 해서는 안 됩니다. 책 말고도 훨씬 쉽고 다양한 정보 매체들이 있기에 갈수록 책을 멀리하는 시대인데 옛날 생각에서 벗어나지 못해 '무조건 독서'를 강조하는 건 시대착오적입니다. 어떻게 책을 읽게 할 수 있을지에 대해서는 뒤에서 자세히 알려드릴 거고요, 왜 또 '책'이어야 하는지 그것부터 설명하겠습니다.

첫째, 책은 말(구어)이 아니라 글(문어)로 이루어져 있습니다. 길거나 짧은 혹은 적당한 길이의 문장들로 구성되지요. 따라서 다양한 글을 접하다 보면 사고의 호흡이 다양해지고, 덩달아 사고의 근육도 한층 유연해집니다. 그런데 말은 글보다 짧습니다. 일상에서 편하게 쓸 수 있고, 이해하기도 쉬워요. 그마저도 '짧게 더 짧게' 변하고 있습니다. 암호인가 기호인가 고개가 갸웃거려질 정도로요. 이대로 가다가는, 아니 뭔가 전환점을 마련해주지 않으면, 사고의 근육마저 굳어질 판입니다.

둘째, 글과 책은 사람에 따라 읽는 속도와 방법, 이해의 범위를 얼마든지 조정할 수 있습니다. 하지만 말은 다릅니다. 말은 '현장의 언어'이기 때문에 그 말의 뜻을 이해하는 것이 우선입니다. 물론 상대의 기분이나 의도를 말의 어투나 억양 등을 통해 읽어낼 수 있고, 심지어 비언어적 의사 전달도 있으므로 다양하게 수용할 수 있다는 장점도 있습니다. 그러나 말은 일단 뱉어지고 나면 천천히 음미할 시간적 여유가 없기에 나만의 속도로, 나만의 방식으로, 나만의 해석으로 만들기 어렵습니다. 한계가 명확하지요. 이걸 다른 의미로 전환해보면, 상대가 제공하는 속도에 따를 수밖에 없는 구조, 즉 그 말을 하는 사람의 속도에 적응해야 할 뿐 아니라 전적으로 상대가 의도하는 의미를 받아들여야 한다는 뜻이기도 합니다. '입으로 하는 말로만 소통'하는 것은 쉽고 편하지만 그만큼 좁고 심지어 위험할 수도 있습니다.

셋째, 우리는 말을 할 때보다 글을 읽을 때 '사유의 섬세함, 감각의 다양함, 감정의 깊이' 등을 훨씬 자유롭게, 그리고 다채롭게 경험할 수 있습니다. 동사는 물론 온갖 수식어 등을 통해 상황을 섬세하게 구분하고, 세밀하게 확장할 수 있는 '사고력'을 키울 수 있지요. 사고력의 중요한 역할 가운데 추상적抽象的 개념을 이해하는 능력, 추론推論의 능력, 연결의 능력 등이 있습니다. 그런 것들은 말(구어)에서보다 글(문어)에서 더 많이, 그리고 더 쉽게 만날 수 있습니다.

한 가지 예를 들어보겠습니다. "난 그놈만 보면 토 나올 거 같아. 그냥 싫어"라는 문장과 "나는 그 녀석을 보면 왜 그런지 모르게 불편하고 심지어 은근히 화가 치밀어 오르는 느낌을 지울 수 없어. 왜 나는 그렇게 자동적으로 근거도 미약한 판단을 하는지 나 스스로도 이해하기 어려워"라는 문장이 있습니다. 앞 문장의 경우 섬세하게 사유하는 태도는 거의 보이지 않습니다. 오로지 자신의 느낌에만 충실한 듯하죠? 그마저도 정확한 근거나 이유는 밝히지 않습니다. 밝히지 않는다는 건 스스로 그 배경을 제대로 인식하지 못하기 때문입니다. 하지만 뒤의 것은 다릅니다. 내용은 같아도 뒤의 문장에는 '섬세한 사유'가 담겨 있습니다. '토 나올 것 같은' 느낌과 달리 '불편하고 화가 치밀어 오르는 느낌'이 든다는 것은 자기감정에 대한 '인식'입니다. 그런 인식이 생겼기에 '왜 자동적으로 그런 느낌이 드는지' 스스로 따져봅니다. 그랬더니 근거도 확실하지 않고 판단도 허술하다는 것을 확인할 수 있어요. 이제 어떻게 될까요? 그 사람을 볼 때마다 '그냥 기분 나빠' 할까요? 그렇지 않을 겁니다. 왜 그렇게 되는지 스스로 묻고 이유를 캐볼 겁니다. 같은 내용이지만 두 개의 문장이 빚어내는 결과는 이렇게 확연하게 다릅니다.

시적詩的 표현도 여기에 해당됩니다. 예를 들어 '60일'이라는 시간은 보통 '두 달'이라고 말합니다. 그런데 시인은 '열정의 예순 번의 낮과 비통의 예순 번의 밤'* 이라고 표현합니다. 물리적으로는 같은 시간이지만 표현에 담긴 내용과 느낌은 전혀 달라요. "잠을 푹 자야 해"라는 말은 숙

---

* 권혁웅의 시를 백무산이 차용

면을 취하는 게 건강에 좋고 다음날 일할 때도 도움이 된다는 정도의 뜻을 담고 있습니다. 그런데 시인은 이렇게 말합니다. "누구나 깊은 잠을 자야 하는 이유는 몸을 떠난 고요를 불러들일 수 있기에, 잠은 하루치 노동을 지우고 고요를 불러들일 수 있기에" 혹은 "시간을 고요에 헹구지 않으면 오늘을 반복할 뿐 내일의 다른 시간이 뜨지 않기에"* 깊은 잠을 자야 하는 것이라고 말합니다. 그야말로 섬세한 사유와 다양한 감각, 그리고 깊은 감정이 드러나는 표현이지요? 우리가 글을 읽어서 얻는 것은 바로 이런 식의 사고와 표현을 가능하게 해주는 힘입니다.

예전에는 지식과 정보를 주로 책과 글을 통해 습득했습니다. 하지만 요즈음은 꼭 그렇게 하지 않아도 필요한 것들을 충분히 얻을 수 있습니다. 굳이 머리에 저장하지 않아도 되고요. 그럼에도 불구하고 글은 말과 다른 힘을 갖고 있습니다. 글을 읽는 삶과 그렇지 않은 삶이 같을 수 없는 배경인데요. 조금 극단적으로 말해 지식과 정보를 얻기 위해서라면 글을 읽지 않아도 살아가는 데 별로 지장이 없겠지만, 섬세한 사유와 그것을 토대로 하는 사상적 내용의 지식을 얻을 수는 없습니다. 그런 사유와 사고가 없으면 그에 걸맞은 판단을 할 수 없고 당연히 그런 행동과 삶은 불가능하게 되니까요. 그래서 글을 읽는 겁니다. 예전의 글 읽기 목적과 지금의 그것이 다를 수밖에 없는 이유입니다.

글을 읽는 활동 중 가장 대표적인 것이 바로 독서입니다. 책을 읽는

---

* 백무산 시집 『거대한 일상』, 「고요에 헹구지 않으면」 중에서

거죠. 책에는 개념과 관념을 담은 사유의 언어들이 가득 담겨 있습니다. 사유의 언어들만 있는 게 아닙니다. 다양한 감각과 깊고 풍성한 감정의 언어들도 가득합니다. 그런 어휘를 배우고 익혀 소화할 수 있는 사람은 그 어휘들이 담아내는 삶을 살 수 있어요. 우리가 앞에서 보았던 '클레멘트 코스'의 참가자들처럼 말입니다. 그러니, 명령대로 사는 데 불만이 없는 노예가 아니라 자신이 주인이 되어 더 나은 삶을 추구하고자 노력하는 사람이라면 책을 멀리해서는 안 될 것입니다. 듣기에 불편할지 모르지만, 저는 단호하게 말합니다. "책 읽지 않아도 된다. 사는 데에 아무 지장도 없다. 다만 노예로 살게 될 뿐이다. 결코 주인이 되어 살 수는 없을 것이다."

물론 글을 읽고 책을 읽는 데에도 학습과 훈련이 필요합니다. 익숙해지려면 시간도 제법 들지요. 처음에는 이런 과정이 불편하고 어색할 것입니다. 당장 눈앞에 보이는 성과가 뚜렷한 것도 아니어서 내심 답답할 테고, 경우에 따라 인내심이 요구되기도 합니다. 우리가 읽는 건 문자라는 기호입니다. 이해한다는 건 그 기호를 어떤 그림으로 머릿속에서 그려내는 것을 뜻합니다. 사진이나 영상이 중간 과정 없이 그대로 직관적으로 파악되는 것과 비교하면 비경제적일 수 있지요. 그러나 사진이나 영상은 그걸 보는 순간 오직 그 상像에 갇힐 뿐이지만 문자라는 기호를 그림으로 그려낼 때 그 상은 매우 다양하고 특별합니다. 이것이 바로 창의성과 주체성의 뼈대입니다. 책을 읽는 진짜 매력의 핵심이기도 하고요.

책은 또 다른 특징을 갖고 있습니다. 바로 책은 그 자체로 하나의 긴

스토리를 지니고 있다는 점이지요. 설명이나 서술 방법이 아무리 다양하거나 깊어도 분명히 주제를 향해 일관되게 나아갑니다. 따라서 어떤 주제나 사건을 단편적으로 이해하고 판단하게 하지 않고 전체의 틀 속에서 바라볼 수 있게 이끕니다. 어떠한 내용이든 상황을 정확하게 인식하고 판단하는 힘을 기르는 데 책만 한 게 없다고 강조하는 이유입니다. 영화나 드라마도 잘 활용하면 비슷한 효과를 얻을 수 있지만, 어떤 지식과 정보를 책처럼 큰 틀 안에서 온전히 이해하게 해주는 경우는 거의 없으니까요.

말(구어)의 힘과 역할, 그리고 글의 그것은 각각 다릅니다. 우리는 모두 그 두 가지를 함께 사용하거나 소비합니다. 어느 한쪽만 강조하거나 치중할 수 없어요. 균형을 어떻게 맞추는가가 중요합니다. 그런데 지금 우리의 현실은 어떤가요? 거의 절대적으로 말의 시대입니다. 글은 점점 더 쇠퇴하고 있습니다. 신문을 보는 가구도 눈에 띄게 줄었고, 책을 읽는 사람도 점점 줄어들고 있습니다. 이런 환경이다 보니 책을 읽지 않아도 아무런 문제가 없다고 느껴질 만도 하겠습니다. 그러나 보다 긴 호흡의 문장을 소화하고 개념과 관념을 담은 어휘를 풍부하게 사용할 수 있는 사람만이 제 삶의 미래를 당당하게 결정하게 될 것입니다.

언어사춘기를 놓치면 공부도 망가진다

배우는 것도 같고 가르치는 교사도 같은데 아이들이 보여주는 결과는 확연히 다릅니다. 타고난 바탕이나 능력이 다르니 당연한 일일 겁니다. 그런데 본인의 능력과 상관없이 교사나 부모의 속을 끓게 하는 아이들이 있습니다. 어른의 관점에서 볼 때 '어이없는' 혹은 '안타까운' 경우인데요. 아이들이 처한 공부와 시험의 상황을 잠시 짚어보겠습니다.

내일이 시험 치르는 날인데 아이가 해당 과목 책을 가져오지 않아서 속을 끓었던 경험, 한 번쯤 있으시죠? 부모님 입장에서 보면 도저히 이해가 안 됩니다. 어떻게 시험을 앞둔 학생이 그 과목 교과서를 학교에 두고 오나요? 아이는 "깜빡했어요"라고 변명할 겁니다. 정말 '깜빡'한 걸까요? 물론 그럴 수도 있습니다. 덜렁거림이 심한 아이의 경우, 특히 그 아이가 초등학교 저학년일 경우엔 잊어버리는 것도 가능합니다. 하지만 중학생 정도라면 문제가 살짝 달라집니다. 공부해봐야 성적이 더 오를 과목이 아니어서, 혹은 공부 안 해도 성적이 크게 떨어지지 않을 것을 알기에 의식 반 무의식 반 책을 가져오지 않았을 가능성이 더 큽니다.

간혹 스스로 공부를 놓는 아이도 있습니다. 예를 들어 공부를 엄청 열심히 했어요. 책이 찢어질 만큼 밑줄을 여러 번 그어가며 공부했습니다. 그런데 기대만큼 성적이 좋지 않아요. 아이는 '난 공부에 소질이 없나 봐' 하고 실망합니다. 어쩌면 아이는 내용을 제대로 이해하지 못한 채 여기저기 밑줄만 그어대며 외웠을지도 몰라요. 혹은 시험 문제의 의도를 제대로 파악하지 못했을 수도 있습니다. 이런 경험이 쌓여 아이는 자연스레 공부를 싫어하게 된 거죠.

아이들이 공부와 멀어지게 되는 안타까운 경우가 또 있습니다. 책을 봐도 무슨 소리인지 잘 모르겠고, 학교 수업은 어렵기만 하고, 학원에 가도 공부 잘하는 아이들만 챙겨주고…. 갈수록 공부와 멀어질 기세입니다. 그런데 아무리 봐도 공부 말고는 뾰족한 수가 없어요. 결국 아이도 마음을 다잡고 공부에 매진합니다. 중간고사를 대비해 열심히 공부해요. 부모님 입장에서는 대견하기만 합니다. 자, 이렇게 시험 날이 되었습니다. 그런데 자신만만한 표정으로 집을 나섰던 아이가 씩씩거리며 현관문을 열고 들어옵니다. 억울하고 분한 표정입니다. 시험을 무슨 '행사'쯤으로 여기던 지난날에 비하면 장족의 발전을 한 셈입니다. 기특한 마음에 "시험 잘 봤니?" 하고 묻자 아이가 울음을 터뜨립니다. "선생님이 치사하게 내가 공부한 것만 빼고 문제를 냈어!"

왜 이런 경우들이 생기는 걸까요? 중학교에 올라가면 대다수 아이들이 당황합니다. 초등학교보다 공부 수준이 갑자기 높아진 것은 물론 만만해 보이던 교과서가 '세상 불친절한 책'으로 둔갑한 모습을 보게 되니까요. 풍부한 서술이나 설명은커녕 정서적 공감을 느낄 여지도 거의 없습니다. 핵심 내용은 죄다 개념어와 관념어뿐이고, 그마저 평소에 거의 써본 적이 없는 표현들입니다. 아이들 말로 '듣보잡'이에요. 평소에 쓰지 않았던 말들이 주종을 이루는 그런 딱딱한 교과서를 보고 있자니 한숨이 절로 나옵니다. 수업에 몰입하기도 힘듭니다. 어디 교과서만 그런가요? '난해한' 언어로 된 내용을 설명하는 선생님의 설명도 난해하기는 마찬가지입니다. 게다가 갈수록 교과 내용이 많아져요. 당연히 공부할 양도 점점 늘어납니다. 아이들에게 '공부가 그저 힘겹게만' 느껴지는 배경입니다.

부모가 먼저 읽는 교과서

어쩌면 여러분도 앞에 나온 상황들을 경험해보셨을지 모릅니다. 만일 그렇다면, 잠시 되짚어보시기 바랍니다. '우리 아이의 언어사춘기는 괜찮았나? 그 시기를 지나는 동안 도움을 제대로 받았나?' 하고 말입니다. 하지만 자녀들이 책을 통해 어른의 언어와 개념어 및 관념어에 익숙해지지 못했다 해도 너무 걱정하지 마세요. 비장秘藏의 팁을 하나 알려드리겠습니다. 바로 '교과서 두 권 구입하기'입니다. 물론 이 팁이 완벽한 대안이 되지는 않을 수 있습니다만 그래도 충분히 해볼 가치가 있을 뿐 아니라 멀리 보는 투자로는 제법 괜찮을 겁니다.

일단 교과서를 두 권 샀다고 칩시다. 한 권은 학교에 두고 한 권은 집에 둡니다. 그런데 집에 둔 책은 아이가 아니라 부모님을 위한 것입니다. 여러분 중 혹시 교과서 읽는 부모님 계신가요? 질문 자체가 어색하거나 낯설지요? 사실 어른들이 교과서를 읽을 일은 없었으니까요. 부족한 부분이야 학원에 보내서 공부시키면 된다고 생각하잖아요. 학원의 사정 역시 학교와 크게 다르지 않지만 말입니다.

일단 교과서를 읽기 전에 아이에게 진도를 묻습니다. 흔히 자녀와 대화를 강조하지만 평소에 대화를 많이 하지 못한 경우에는 막상 어떻게 해야 할지 난감합니다. 그런 점에서 진도를 묻는 것도 자연스러운 대화의 방식이 되겠지요? 아이들은 부모가 공부 진도까지 체크하며 압박한다고 느끼면서도 일면 자기에게 관심을 갖는다고 생각해 은근히 좋아할 수도 있습니다. 다만 이때 감시나 관리를 위해서가 아니라는 느낌을 갖도록 유연하게 대화할 수 있어야 합니다. 그것은 전적으로 부모의 몫입니다. 아이가 진도를 알려주면 부모님은 학교 진도보다 보름쯤 앞서서 해당 부분을 읽습니다. 이때 가능하면 부모님이 함께 읽는 것이 좋습니다. '아빠의 적당한 무관심'을 관행이라고만 여기면 안 됩니다. 아빠도 함께 읽어야 효과가 훨씬 더 커지기 때문에 부모님이 함께 읽으시라고 권하는 겁니다.

어른들에게는 중학교 교과서가 그리 어렵지 않습니다. 금세 이해됩니다. 자녀의 교과서를 읽으면서 자신이 중학교 다녔을 때를 상상해보세요. 지금 보면 별것 아닌데 당시엔 이상하게 애먹었던 대목들이 떠오를 겁니다. 그 경험을 바탕으로 자녀의 교과서에서 어디가 중요한지, 어떤 개념이 필수적인 것인지 등을 대략 파악합니다. 그리고 교과서에 나오는 '어휘'들 가운데 무엇이 중요한 말인지 가려 뽑아 노트에 옮겨 적습니다. 아마 그 낱말들은 대개 '개념어나 관념어'들일 겁니다. 이때 주의할 점은 그렇게 뽑아낸 낱말들을 아이에게 직접 가르치면 안 된다는 것입니다. 당장은 효과를 볼지 몰라도 나중에 오히려 독이 되기 쉽습니다.

그 낱말들은 언제 어디서 어떻게 써야 할까요? 여기에도 팁이 있습니다. 아이들 앞에서 그 말들을 의식적으로 써보세요. 아이 앞에서 부부가 대화할 때, 아이들과 함께하는 순간에 그런 어휘들을 사용하는 겁니다. 물론 아이들은 부모의 언어생활에 관심이 없을 겁니다. 그래도 뭔가 평소와 다른 어투와 어휘의 변화는 느낄 거예요. 눈치가 좀 있는 아이라면 "엄마 아빠, 왜 갑자기 그렇게 고상하게 말해?" 하고 물을 수도 있습니다. 반응이 어쨌든, 아이들은 이런 식으로 '낯선' 말들을 '듣게' 됩니다. 이해하느냐 여부 역시 확인할 필요가 없습니다. 그래서도 안 됩니다. 확인하는 순간 이 프로젝트의 진정한 의미가 깨지니까요. 무조건, 아이들이 그런 낱말에 '노출'되게 해주세요. 그것이 전부입니다.

열흘이나 보름 뒤, 학교 수업 시간입니다. 선생님이 열심히 교과서 내용을 설명하고 있어요. 당연히 '낯선' 말과 개념입니다. 이전 같으면 그말의 생소함 때문에 귀가 열리지 않고 뇌가 작동하지 않았을 텐데, 오늘은 왠지 그 말들이 친근하게 느껴집니다. 어디선가 들었던 '낯익은' 말이기 때문입니다. 처음 그런 낱말을 들었을 때엔 분명 한쪽 귀로 넘겼을 테지요. 신경도 안 썼을 거고요. 그런데 그 말들이 알게 모르게 뇌에 흔적을 남긴 겁니다. 어떻게 그런 일이 가능하냐고요? 예를 하나 들겠습니다. 한국지리 시간이 되면 각 지역의 특산물에 대해 배웁니다. 어디에서 뭐가 많이 나고 어쩌고 하는 거 다 외우려면 머리에 쥐가 나지요. 그런데 내가 가족과 함께 광주와 목포에 여행을 가는 길에 나주에 들렀는데 거기에 배 과수원이 많은 걸 보았다면 자연스럽게 '나주' 하면 배가 떠오르겠지요. 경험할 때엔 의식하지 못했지만 나중에 그 경험이 저절로 소환되는 것과 비슷합니다. 어휘나 개념도 마찬가지예요. '낯선 개념'이 '낯익은 개념'이 된 것입니다. 이렇게 되면 자연스럽게 내용에 대한 이해도가 높아집니다.

하지만 이게 단순히 이해도 증진에만 머무는 것은 아닙니다. 부모님끼리 대화하는 걸 들었다거나 자신에게 말할 때 들은 건 그냥 흘려지나갔지만 막상 수업시간에 그런 낱말이나 어휘를 다시 만나게 되고, 또 책을 통해 개념을 이해하게 되면, 부모님이 대화하던 당시의 상황이 신기하게도 모두 소환됩니다. 앞뒤 맥락이며 분위기까지, 자연스럽게 상황 전체에 대한 폭넓은 이해로 확장되지요. 이것은 매우 중요한 능력입니다. 단순히 하나의 개념을 이해하고 숙지하는 데 그치지 않고 (개념이) 다양한 맥락과 상황으로 확장되면서 이전에 그냥 스쳐지나갔던 일들을 새로운 방식으로 재구성하는 일이니까요. 이런 능력이 곧 창조와 기획의 능력으로 이어지는 것입니다. 일석이조, 아니 일석삼조의 효과라고 할 수 있겠지요?

그림을 문자로, 문자를 그림으로

언어사춘기에 이른 아이들이 좀 더 흥미롭게 어른의 언어생활을 받아들이게 해주는 팁을 소개하겠습니다. 이것은 일상에서 적극적으로 활용할 수 있는 방법인데요. 그 활용 과정에서 개념어나 관념어 정립에 대한 이해도가 높아진다는 장점을 가집니다. 바로 그림이나 이미지를 문자로 표현해보거나 역으로 문자를 그림이나 이미지로 시각화해보는 것입니다.

인간이 만든 여러 가지 글자 가운데 가장 먼저 생긴 것이 그림글자이고, 그다음이 상형문자象形文字입니다. 상형문자는 '형상을 본뜬 문자'라는 뜻으로 이집트의 '히에로글리프hieroglyph', 중국의 초기 일부 한자가 여기 속합니다. '본뜨기 글자'라고 부르기도 하지요. 수메르 문명에서는 '쐐기글자설형문자楔形文字'를 썼지만 그 시작 역시 그림글자입니다.

이렇듯 글자는 상像을 갖고 있습니다. 그러나 상형문자만 상을 갖고 있는 게 아닙니다. '기린'이라는 낱말을 볼까요? 기린은 아프리카에 있는

목이 긴 짐승인 '기린giraffe'도 있지만, 현실에 존재하지 않는 가상의 상서로운 짐승인 '기린麒麟'도 있습니다. 어쨌거나 이 낱말을 들으면 상황에 따라 두 가지의 그림(상)을 떠올리게 될 텐데요. 심지어 실재하지 않는 가상의 동물마저도 머릿속에서 그려낼 수 있습니다. 물론 다양한 상의 합성으로 이루어진 동물이지요.

인간은 어떤 대상이나 행동을 '기록'하기 위해 문자를 만들었습니다. 기록은 두 가지 독특한 기능을 갖고 있는데요. 하나는 기록할 수 있다는 권력의 과시이고, 다른 하나는 누군가에게―특히 다음 세대에― 자신의 지식과 정보를 전달·계승함으로써 축적된 힘을 지속적으로 유지할 수 있게 하는 기능입니다. 그래서 고대 사회에서(심지어 근대 후기까지)는 보통 사람들이 글을 배우지 못하게 원천 봉쇄했습니다. 기록이 권력

그 자체였던 시절이지요. 하지만 이제 모든 사람이 기록을 볼 수 있게 되었고, 무엇이든 직접 기록할 수 있게 된 만큼 앞의 평가는 무의미하다고 볼 수 있지요. 그럼에도 기록하고 기록을 읽는 행위는 여전히 인간의 특권입니다.

그러나 어떤 문자도 대상이나 행동, 생각이나 상상을 완벽하게 표현할 수 없습니다. 우리가 흔히 무지개를 일곱 색깔로 나누지만, 이 역시 존재하는 미묘한 색채를 모두 설명하지 못해서 편의적으로 대표 색을 서술하는 것뿐이잖아요? 즉 언어는 많은 차원의 것을 몇 개의 상징으로, 혹은 대표성을 통해 확인하고 드러낸다는 뜻입니다. 하지만 어떠한 낱말이든 그에 대한 적절한 정의定義를 갖게 마련인데요. 그래야 그 낱말이 객관적 역할을 수행할 수 있기 때문입니다.

바로 이 지점에 우리가 고려해볼 만한 작업들이 있습니다. 먼저 하나의 낱말을 문자로 표기하고, 그것의 모든 가능성을 그림으로 표현하는 것입니다. 그렇다고 도화지에 물감으로 직접 그릴 필요는 없습니다. 머릿속에서 그림을 그려보는 것으로 충분합니다. 이 과정은 '이해의 과정 또는 회로'와 일치합니다. 뭔가를 이해한다는 것은 그 내용을 파악하고 있다는 뜻으로 '머릿속에서 그림이 그려진다'는 것을 의미합니다. 이해하지 못하는 건 아무리 노력해도 그림을 떠올릴 수가 없거든요. 따라서 어떤 낱말을 다양한 그림으로 표현해보는 활동은 이해 능력을 키워줄 뿐 아니라 편의상 설정했던 정의의 제한성을 최대한 논리적 가능성으로 풀어내 확장하게 해줍니다.

물론 그 반대의 과정도 가능합니다. 어떤 대상이나 사태를 보고 언어로 표현하는 거죠. 예를 들어 TV 드라마를 보고 있을 때 리모컨으로 화면을 정지시켰다고 칩시다. 그 장면을 시각정보가 아니라 언어정보로 전환해보는 겁니다. 비록 정지된 화면이지만 거기에는 수많은 정보가 담겨 있어요. 중심적 정보나 메시지도 있습니다. 그것을 어떻게 말로 표현할까요? 조금 더 구체적으로 접근해봅시다. 〈개구쟁이 스머프〉라는 애니메이션을 보다 어느 장면에서 정지시킵니다. 그리고 그 장면을 언어로 설명해보는 거예요. 똘똘이 스머프와 투덜이 스머프, 그리고 가가멜이 등장한 장면이라 칩시다. 똘똘이 스머프는 뭔가 잘난 척하고 투덜이 스머프는 뭐가 못마땅한지 똘똘이 스머프에게 심통을 부립니다. 가가멜은 둘 사이의 다툼을 이용하려고 엿보고 있습니다. 배경은 나무와 꽃이 적당히 어우러진 언덕이고, 그 아래 버섯집들이 여러 채 보입니다. 우리가 정지시킨 장면에는 아무런 대사도 나오지 않습니다. 자, 이 장면을 '하나의 문장'으로 설명해보게 합시다.

'이까짓 게 무슨 비법이라고' 하셨을지 모르는데요. 뜻밖에 쉽지 않다는 걸 금세 실감하셨을 겁니다. 화면에서는 모든 게 한 번에 다 보였고, 한 번에 전부 이해할 수 있었는데, 막상 글로 표현하려니 어떤 것을 어디에서부터 어디까지 서술해야 할지 막막합니다. 하지만 생각을 멈추지 않으면, 어느 순간이 되었을 때 전체를 설명할 수 있는 낱말이나 문장이 만들어지게 마련입니다. 게다가 말과 함께 영상을 보았을 때는 주인공에게만 시선이 쏠렸는데 소리가 사라지니까 다른 모든 등장인물도 보이고 공간의 모양도 다양하고 세밀하게 볼 수 있다는 경험도 하게 됩니다. 이번에는 낱말이나 문장 안에 영상의 모든 것이 함축되어 있는지 확인하세요. 그리고 그것들을 그림으로 다시 그린다면 어디까지 표현할 수 있을지, 혹은 본래 영상에 없던 것까지 새롭게 그려낼 수 있을지 체크해 보시기 바랍니다. 처음에는 이런 활동이 조금 낯설고 부담스럽게 여겨질지 모르지만 이 과정을 통해 그림과 문자의 관계가 어떻게 맺어지는지, 더 나아가 우리의 지각과 사고 작용이 어떤 방식으로 작동되는지 깨닫게 될 것입니다.

이보다 더 간단하고 좋은 방법도 있어요. 바로 '만화'를 활용하는 것입니다. 만화는 어차피 정지된 화면입니다. 그리고 매우 단순한 그림입니다. 최소한의 선으로 내용을 설명할 수 있는 것이 만화의 미덕이자 장점이지요. 만화에도 대사가 있습니다. 바로 말풍선 안에 있는 말들입니다. 그 말풍선의 내용을 지우고 다른 문장으로 대체해봅니다. 기본적인 내용은 동일하면서도 대사의 문장은 달라질 수 있습니다. 열 사람이 하면 열 가지가 모두 다릅니다. 그러면서도 상통하지요. 같은 문장이라 하더라도 낱말 몇 개만 바꾸면 그 결이 달라지는 것, 이것이 바로 의미의 다양성을 문장을 통해 드러낼 수 있다는 증거이기도 합니다. 부모와 자녀가 놀이처럼 재미있게 함께할 수 있다는 점에서 추천하는 활동입니다.

노래 가사 순서를 바꿔보고 라임을 맞춰보는 놀이

노래 가사나 라임을 활용하는 놀이도 언어의 다양성에 접근하게 해주는 훌륭한 길이 됩니다. 예전에 어른들이 "문 닫고 나가라"고 하실 때마다 익살스럽게 "문을 닫고 어떻게 나가요?"라고 반문했던 기억이 있을 겁니다. 말은 때로 논리를 어기기도 합니다. 특히 강조하고 싶은 부분을 앞세울 때 그런데요. 이런 특징은 거의 모든 언어에 해당합니다. 문법적으로는 '도치倒置'라고 하지요. 우리말은 그냥 순서만 바꾸는 경우가 많지만 영어 같은 언어는 몇 가지 장치를 요구합니다. 예를 들어 이런 문장입니다. "Pleased are the students." 학생들이 선생님의 첫사랑 이야기를 듣는 모양인데요. 이 경우처럼 강조할 때 주어와 동사의 위치를 바꾸는 겁니다.

다시 "문 닫고 나가라"로 가봅시다. 문을 '닫고' 나갈 수는 없습니다. 그러니 이 말의 뜻은 '밖이 추우니 나갈 때 반드시 문을 닫으라'는 것이지요. 강도가 "꼼짝 말고 손들어!"라고 할 때도 마찬가지예요. 논리적으로 따지면 어떻게 꼼짝할 수 없는데 손을 들 수 있겠습니까만, 막상 칼든 강도가 그렇게 말하면 알아듣고 번쩍 손을 들 겁니다. 의미와 의도가 전달되었고 무엇을 강조하려는지 알기 때문이지요.

이런 예에서 알 수 있듯이 문장은 기본적으로 문법적 틀과 순서에 따라 구성되지만 늘 그런 것은 아닙니다. 따라서 '미묘한' 의미와 의도의 차이를 읽어내거나 표현할 수 있는 능력이 필요합니다. 위 문장들처럼 정확하게 의도된 목적이 강조되는 경우가 아니더라도 아무 문장이나 순서를 한 번 바꿔보면 말의 뜻이나 맛이 조금씩 달라짐을 알 수 있습니다. 이를 테면 "살랑살랑 바람결에 봄이 찾아왔습니다"라는 문장은 다음과 같이 바꿀 수 있습니다.

"봄이 찾아왔습니다, 살랑살랑 바람결에."
"살랑살랑 봄이 찾아왔습니다, 바람결에."
"바람결에 살랑살랑 봄이 찾아왔습니다."
"바람결에 찾아왔습니다, 살랑살랑 봄이."

읽어보니 어떤가요? 뜻의 차이가 거의 없습니다. 의도의 차이도 별로 드러나지 않아요. 그런데 묘하게도 문장의 리듬은 달라졌습니다. 리듬도 일종의 강조 기법이라 할 수 있지만, 도치법의 사례에서 본 문장들처럼 그 의도가 도드라지거나 어떤 것을 크게 강조하지는 않습니다.

어순을 바꾸는 도치 구문의 대표적인 경우가 성서에도 보입니다. 흔히 '산상수훈山上垂訓' 혹은 '산상설교'*라 하는 바로 그것이에요.

"행복하여라, 마음이 가난한 사람들(Blessed are the poor in spirit)"
"행복하여라, 슬퍼하는 사람들(Blessed are those who mourn)"
"행복하여라, 온유한 사람들(Blessed are the meek)"

'참된 복眞福 여덟 가지'를 설명하는 이 구절에서는 '행복함'을 먼저 강조합니다. 조건이나 이유는 그 뒤에 설명됩니다. 논리적으로는 '~하기 때문에 행복하다'는 것이 맞겠지만 그런 사람들에게 꼭 필요한 행복 혹은 그들의 몫으로 돌아갈 행복을 먼저 강조하기 위해 이렇게 문장의 순서를 바꾼 것입니다.

자녀들과 함께 몇 개의 문장을 놓고 순서를 바꾸면서 그 의미와 어감의 차이를 느껴보는 것도 재미있습니다. 특히 노래 가사가 좋은 재료가 되는데요. 노래는 가사와 선율이 밀접한 상관관계를 맺으며 짜인 경우가 많아서 순서를 바꾸면 음악적으로도 아주 다른 느낌이 듭니다. 동요, 어른들이 좋아하는 가요, 아이들이 즐겨 부르는 가요 등 여러 개의 노래를 선정해서 함께 불러보고 어순을 바꿔가며 느낌의 차이를 공유해보세요. 모두에게 뜻밖의 즐거움을 안겨주는 시간이 될 것입니다.

---

* 신약성서 「마태복음」 5장 3절~12절

비록 놀이라 할지라도 이렇듯 문장의 순서를 바꿔보는 데엔 이유가 있습니다. 아이들이 제도권 교육 혹은 기존 교육 방식이라는 완고한 틀에 갇혀 그 안에서만 생각하고 배우면서 사고가 굳어지기 전에 다양한 가능성을 최소한 맛보아야 하기 때문입니다. 언어사춘기는 바로 이런 열린 사고를 경험하여 내 것으로 만들기 좋은 시기입니다. '공부에는 때가 있다'는 말이 매우 긍정적으로 적용되는 시기이기도 하고요. 그런데 일상에서는 이런 것들을 시도하기 어렵습니다. 부모님이나 교사가 시간을 내고 계획을 세워 기회를 만들어야 합니다. 아이들에게는 최대한 놀이처럼 느끼게 해서 자연스럽게 언어의 놀라운 힘과 기능을 습득할 수 있게 해줄 수 있다면 얼마나 좋겠습니까?

이왕 노래 이야기가 나온 김에 노래로 할 수 있는 언어 훈련(놀이)에 대해 좀 더 다가가봅시다. 부모님들은 랩을 거의 부르지 않을 겁니다. 제대로 들리지도 않거니와 랩의 정서를 공유하지 못하기 때문입니다. 여기서 음악적인 설명을 자세히 늘어놓을 수는 없지만, 적어도 랩은 일반적인 노래보다 훨씬 더 다양하고 많은 문장이 담겨 있다는 점에 주목해야 합니다. 요즘의 랩은 매우 세련됐지만 처음에는 그냥 문장을 '지껄이는' 수준도 많았습니다.

제가 주목하는 것은 요즘 랩에 활용하는 다양한 '라임^{rhyme}'입니다. 라임이란 압운押韻, 즉 시가에서 시행의 일정한 자리에 같은 운을 규칙적으로 다는 것을 의미합니다. 다이나믹듀오의 〈고백〉이라는 노래 가사의 일부를 볼까요?

난 핸들이 고장 난 8(에잇)톤 트럭

내 인생은 언제나 삐딱선

세상이라는 학교에 입학 전

나는 꿈이라는 보물 찾아 유랑하는 해적선

각 행의 어미를 'ㅣ, ㅏ, ㅓ'로 이어지는 모음을 써서 비슷한 발음을 만들고 있습니다. 이것이 기본적인 라임의 이해입니다. 요즘 랩에는 이런 라임들이 아주 많이, 그리고 갈수록 세련되게 진화하여 쓰이고 있습니다. 이러한 라임은 영어 랩에서도 흔히 볼 수 있어요.

Your so forever alone

Ya tali to yo lawn gnomes

Ya always sitting at home

Ain't no one calling ya phone

Ya tryna write a poem

About Rome

Never use google chrome

Take a bath with some foam.

사실 영시英詩에서는 라임이 필수 요소인 적도 있었습니다. 다음은 영국의 계관시인桂冠詩人 윌리엄 워즈워스William Wordsworth, 1770~1850의 「수선화

The Daffodils」의 한 구절입니다.

> I wandered lonely as a cloud
> That floats on high o'er vales and hills,
> When all at once I saw a crowd,
> A host, of golden daffodils;
> Beside the lake, beneath the trees,
> Fluttering and dancing in the breeze.

　첫 네 행은 한 행씩 걸러서 운을 맞추고, 뒤의 두 행은 이어서 운을 맞췄습니다.

　한시漢詩에서도 운을 맞추는 것이 중요합니다. 시선詩仙으로 일컬어지는 태백이백李白. 701~762의 「망여산폭포望廬山瀑布」를 읽어봅시다.

> 日照香爐生紫煙(일조향로생자연)
> 遙看瀑布掛長川(요간폭포괘장천)
> 飛流直下三千尺(비류직하삼천척)
> 疑是銀河落九天(의시은하낙구천)

> 향로봉에 햇빛 비치니 붉은 안개 피어나고
> 멀리 보이는 폭포는 긴 강을 매어단 듯하네

물줄기 곧장 날아 삼천 자를 떨어져 내리니

구만리 하늘에서 은하수가 쏟아지는 듯하네

짧은 시에 폭포의 형용이 이루 말할 수 없이 생생합니다. 한시에서 운은 사성四聲까지 고려해서 그 발음을 가려야 하지만, 우리말로 읽어도 '煙연, 川천, 天천'의 끝 음이 같은 계통의 발음을 내고 있는 것을 알 수 있습니다.

이렇게 운을 맞춰 문장을 만들다 보면 뛰어난 예술적 감각까지 얻을 수 있습니다. 그 뿐인가요? 평범하고 일상적인 단어와 어휘를 일정한 규칙에 따라 능숙하게 배치하고 재구성하면서 언어 순발력도 키울 수 있지요. 나아가 언어를 통해 인지 능력까지 향상할 수 있습니다.

이제 아이들과 함께 문장의 개수를 정한 뒤 그 수만큼의 문장을 라임으로 주고받는 놀이를 해보세요. 우리말에서 흔히 쓰는 종결 어미 '다, 요, 지' 등을 피하고 가능하면 미리 문장의 수를 결정하는 게 좋습니다. 가령 각자 세 번씩 총 6개의 문장으로 제한합니다. 제한을 두지 않으면 자칫 말장난으로 흐를 수 있기 때문입니다.

"엄마는 오늘 점심 메뉴 정했어, 잔치국수."*

---

* 이 경우 '수'로 끝나는 문장으로 대답해야 한다. 그러니까 먼저 말하는 사람이 라임의 조건을 결정하는 셈이다.

"하지만, 아들은 생각이 달라요, 난 비빔국수."

"국수 종류가 다르면 엄마의 일이 많아져, 이 웬수."

"민주주의 사회에서 내 결정을 엄마가 정하면 안 되잖수."

"좋아, 그럼 설거지는 네가 하면 되겠수."

"와, 국수 땜 오늘 왕재수."

　예를 들어 이런 식입니다. 꼭 '수'라는 말로 종결될 필요는 없습니다. 비슷한 모음으로 발음되는 것이면 됩니다. 이런 놀이는 말장난이 아닙니다. 그냥 뱉어내는 말이 아니라 조건에 맞는 문장으로 재구성해야 한다는, 즉 사유가 수반되는 행위입니다. 한마디로 '의식하면서 문장을 만들어낼 수 있는 능력'을 키워주는 활동이죠. 이때 라임을 조금 변형해서 발음이 아니라 품사로 종결되는 문장으로 만들어도 됩니다. 이 과정을 통해 아이들은 자연스럽게 문장이 어떻게 사유되고 생산되는지, 그리고 어떻게 하면 그 맛이 달라질 수 있는지 흥미롭게 체험할 수 있습니다.

　서로 주고받는 문장의 종결어가 같거나 비슷하다는 것만으로도 부모와 자녀의 공감대가 폭넓게 확장되는 것을 체험할 수 있을 겁니다. 때로는 종결 어미를 '명사형' '동사형'으로 정해보세요. 언어를 능숙하게 다룰 수 있는 능력이 배가될 것입니다. 이렇게 언어의 능력이 커지는 만큼 사유, 감각, 감정의 능력도 자연스레 커질 것입니다.

그러면 무엇을 어떻게 할 것인가?

우선 이 장에서의 결론을 먼저 이야기하겠습니다. 한마디로 "결코 언어 사춘기를 놓치지 말라!"입니다. 이 시기를 놓치면 어른의 언어를 습득하는 데 더 많은 시간과 노력이 필요하게 됩니다. 언어사춘기에 제대로 구어와 문어의 다양성을 경험하고 이해하며 습득한다면 그것이 평생의 삶과 앎에 매우 강력한 선물이 될 것입니다. 이 시기를 놓치거나 언어의 다양성을 습득하지 못하면, 앎은 얕아지고 삶은 생각대로 이끌어지지 않을 확률이 커집니다. 그러니 언어사춘기에 말과 글에 대한 이해와 습득의 기회를 극대화할 수 있는 방안을 모색해야 합니다.

지금 우리의 현실을 냉정하게 살펴봅시다. 농담 반 진담 반으로 "우리나라에서 인생의 황금기는 네 살부터 일곱 살까지다"라고들 이야기합니다. 세 살까지는 인지, 의지, 판단의 능력이 형성되지 않았으니 빼고, 초등학교에 입학하면서부터 오직 공부 타령에 휘둘리게 되니 그 짧은 3,

4년의 시기가 인생의 황금기라는 거죠. 별 고민 없이 하고 싶은 거 하면서 스트레스 없이 살 수 있는 시기는 평생 다시없을 테니 그런 말을 하는 거겠지요? 참 슬픈 일입니다.

그런데 도대체 왜 우리는 이렇게 공부에만 매달리게 되었을까요? 아이들은 행복할까요? 어떤 부모가 자식들이 행복하지 않은 삶을 원하겠습니까? 그런 부모는 없습니다. 솔직히 부모님들도 공부하는 거 재미있어 하지 않았잖아요. 그런데 왜 아이들에게는 '공부 또 공부' 하나요? 그건 우리가 살아온 세상이 철저하게 '고학력, 엘리트, 그것도 카르텔의 사회'라는 걸 뼈저리게 체감하고 있기 때문입니다. 물려줄 엄청난 재산이 있다면 모를까 내 아이가 적어도 옹색하고 불행하게 살지 않으려면 공부 잘해서 좋은 대학 가고 또 좋은 직장 얻고 사는 게 최선이라고 여기기 때문입니다. 정도의 차이는 있을지 모르지만 본질은 크게 다르지 않을 겁니다. 그렇다고 정말 공부만 잘하면 모든 게 해결될까요? 상대적으로 확률은 높다고요? 그렇기는 하겠지요. 그러나 부모님이나 선생님이 간과하고 있는 중요한 변화가 있습니다.

지금의 기성세대는 평생 한 가지 직업 혹은 한 직장 생활로 살아온 마지막 세대입니다. 그러나 이제 그런 일은 의지에 상관없이 거의 불가능합니다. 사실 지금의 기성세대가 그런 변화에 노출된 첫 세대이기도 할 텐데요. 그들 가운데 대다수—공무원이나 교사 혹은 공기업에 다니는 경우를 제외하고—가 머지않아 새로운 직업을 찾게 될 것입니다. 물론 대부분은 자영업을 선택할 수밖에 없습니다. 왜냐하면 내 삶을 시기적으로 재구성하고 재설계할 수 있는 교육을 받은 적이 없거니와 그런 시대가 올 것이라고 예측조차 하지 못한 채 허둥지둥 살아왔기 때문입니다. 이것이 바로 현 기성세대의 가장 큰 고민이자 딜레마입니다.

반면 지금의 청소년 세대는 적어도 일생 동안 여섯 번 정도 직업이나 직종이 바뀌는 삶을 살아갈 겁니다. 하지만 안타깝게도 그런 삶에 대해 교육받은 적이 없는 지금의 어른들은 아이들에게 적절한 도움을 제공하기 힘듭니다. 결국 아이들 스스로 최소한 여섯 차례 삶의 변화와 굴곡에 대비하거나 미리 준비해서 대응해야 합니다. 그런데 도대체 무슨 수로 그걸 해낼 수 있을까요?

바로 끊임없이 전문적인 지식과 정보를 습득하고 그것들을 소화하며 판단할 수 있는 능력이 바탕이 되었을 때 가능합니다. 그러면 이런 능력은 어디에서 어떻게 얻을 수 있을까요? 물론 예전과 달리 다양한 영상 매체들이 있으니 거기에서도 어느 정도의 지식과 정보를 얻을 수 있습니다. 하지만 스스로 사고하고 판단하며 결정할 수 있는 능력을 갖추려면 지속적이고 일관된, 그리고 확고한 채널이 필요합니다. 네, 바로 책입니다.

지금 어른들은 어떻습니까? 내가 살면서 자의건 타의건 이렇게 빨리 첫 직장에서 그만둘 거라고 상상이나 해보셨나요? 세상 돌아가는 상황이 여의치 않고 평생을 보장하던 직장은 옛말이 되었으니 이제 어떤 새로운 일을 해야 할까 걱정이 태산이지만, 안타깝게도 우리 세대는 교육과정에서 그런 대비책을 배운 적이 없습니다. 그러니 다음번 일(또는 직장)을 결정하는 조건이 결국 '돈'이 되는 것이지요. '있느냐 없느냐'에 따라 선택이 달라질 뿐입니다. 예를 들어, 돈이 있으면 초기 투자를 많이 하더라도 안정적으로 보이는 프랜차이즈 분점을 낼 것이고, 그렇지 않으면 개인의 이름을 건 치킨집이나 음식점 등을 생각하게 됩니다. 엄연한 현실이지요.

웃픈(웃기면서 슬픈) 이야기 한 꼭지 해볼까요? 집에서 노트북이나 아이패드 같은 IT기기 사용하다 고장 나거나 작동 불량이면 수리기사를 부르거나 A/S센터에 갑니다. 그런데 그런 경우 동네에 있는 '닭집'에 들고 가면 사장님이 고쳐줄 확률이 50%쯤 된다고 합니다. 왜냐고요? 그분들 치킨집 하기 전에 IT사업에 종사했던 분들이 많기 때문이랍니다. IT거품이 꺼지고 살 길이 막막해지자 닭집 차리는 경우가 많았다는 방증이지요. 다음에 해야 할 일을 준비할 수 있는 여유도 없거니와 그걸 도와줄 사회적 교육시스템이 거의 없었기 때문에 벌어진 일인데요. 슬픈 우리들의 자화상입니다.

어쩌다 이렇게 되었을까요? 교육은 모름지기 미래를 살아갈 사람을 가르치는 일입니다. 그런데 교육의 원천적 한계가 '과거를 살아온 사람이 미래를 살아갈 사람을 과거의 방식으로 가르칠 수밖에 없는' 것인데다 우리가 살아온 방식이 계속될 것이라고 착각했기 때문이고, 오로지 대학입시에만 매달려 다른 건 생각할 여지조차 없었기 때문입니다. 물론 어느 누구도 미래를 완전히 예측하며 살 수는 없습니다. 그러나 끊임없이 세상을 읽고 탐구하며 사고와 판단을 최대한 완전하게 할 수 있는 힘을 길러야 합니다. 이때 가장 안정적이고 심층적이며, 다양한 지식과 정보를 제공해주는 채널이 바로 '책'입니다.

그런데 아무도 책을 읽지 않습니다. 너나 할 것 없이 팔랑귀가 되어 '뭐가 좋다더라', '뭐가 자본을 별로 들이지 않고 돈을 벌 수 있다더라' 하는 말에 현혹되어 (혹은 그것 말고는 달리 대안이 없으므로) '다음 일'을 선택합니다. 어른들이 책을 본다고요? 물론 필요한 건 읽겠지요. 이른바 '자기계발서' 류의 책들은 제법 봅니다. 그러나 과연 그게 큰 도움이 될까요? 솔직히 한 달에 한두 권이라도 책 읽는 어른들이 얼마나 됩니까? 그런데 우리 아이들은 어른들보다 더 책을 읽지 않습니다. 영상미디어를 통해 충분한 지식과 정보를 습득하는 데 익숙하고 그것으로 족하다고 여기니 책 읽을 생각조차 하지 않습니다.

책을 읽는 것은 습관이고 훈련입니다. 그리고 이것을 습득하고 실천하기에 가장 좋은 시기가 있습니다. 그 시기를 놓치거나 방관하면 그것이 자칫 재앙이 될 수 있다는 사실을 명심해야 합니다. 그 핵심적 시기가 바로 언어사춘기입니다. 열 살 전후의 사춘기, 몸의 사춘기보다 먼저 존재하는데 그걸 인식하지 못해서 간과하기 쉬운 언어사춘기에 주목해야 하는 이유는 많지만, 그중에서도 가장 중요한 요인을 하나 고르자면 바로 이것입니다. 즉 '내 삶을 제대로 설계하고 준비하고 대응하기' 위해서입니다. 이 문제에 대한 구체적 방법은 뒤에 상세하게 다루도록 하겠습니다.

언어사춘기는 어린이의 언어에서 어른의 언어로 변환하는 시기라고 말씀드렸어요. 그 시기에 책을 읽어야 하는 까닭은 어른의 언어가 가장 많이 담긴 것이 책이기 때문입니다. 그런 어휘들과 익숙해져서 뜻을 파악하고 내용을 이해할 수 있어야 어른의 사고와 판단을 할 수 있습니다. 또한 일차적으로 보아도 이렇게 하는 것이 지금의 교육 현실에 큰 도움이 됩니다. 학년이 올라갈수록 교과서에는 개념과 관념을 다루는 언어와 더불어 표현의 방식에도 어른들의 언어가 많이 사용됩니다. 그런 언어에 익숙해지고 이해할 수 있는 능력이 갖춰지지 않으면 아무리 교과서와 참고서를 읽어도 내용을 이해하지 못합니다. 심지어 시험지를 받아도 그게 무엇을 묻는지 몰라서 풀 생각조차 들지 않을 수 있습니다. 그러니 이런 어휘에 익숙해져야만 학년이 높아질수록 유리하겠지요?

언어사춘기에 할 일이 또 있습니다. 단순히 '어려운 어휘', '어른들의 언어'를 습득하는 것뿐 아니라 앞 장에서 말씀드린 것처럼 사고의 호흡을 길게 가져갈 수 있는 능력을 키워야 합니다. '긴 문장'을 소화할 수 있도록 훈련을 쌓아야 한다는 뜻입니다. 그런데 이런 문장들은 구어에서는 생리적으로 불가능합니다. 날숨의 한계에 갇히지 않는 문어, 즉 글을 읽는 힘을 길러야 하기 때문이죠. 글이 담긴 그릇이 바로 책입니다. 그러니 언어사춘기에 책 읽는 습관을 들이고, 문어를 이해하는 능력을 키우는 것은 매우 중요한 일입니다. 아니, 가장 중요한 일입니다.

자녀들의 학원을 모두 끊으라는 게 아닙니다. 일단 급하지 않은 것 하나쯤만 줄여도 충분히 도움을 받을 수 있습니다. 그리고 적어도 그 시간만큼은 아이들에게 책 읽을 수 있는 환경을 마련해주세요. 부모님도

곁에 앉아 함께 책을 펼치세요. 아이와 같은 책을 읽어도 좋고, 앞서 말씀드린 것처럼 교과서를 읽어도 좋습니다. 아이에게만 책을 읽으라고 하는 것보다 이왕이면 부모님도 함께 읽으면 더욱 좋겠지요. 그게 바로 가장 이상적인 '교육환경'입니다. 어쩌면 가족이 연출할 수 있는 가장 아름다운 풍경의 하나일지도 모릅니다.

거실에 있는 '응접세트'가 제 수명을 다했을 때 새로 구입하지 않으면 어떨까요? 솔직히 요즘 남의 집에 잘 안 갑니다. 그러니 피차 '응접'할 일도 별로 없어요. 소파는 누워서 TV 보는 용도고 테이블은 간식 올려놓는 소품이잖아요. 수명 다한 응접세트 버릴 때 거실에 긴 테이블을 마련하고 의자를 놓으면 어떨까요? 거기에서 간식도 먹고 대화도 하며 책 읽고 신문 보고 인터넷도 하는, 말 그대로 가족의 '공동체적 공간'으로 재탄생시키는 겁니다.

말이 쉬운 것은 결국 그 말에 책임을 생각하지 않기 때문이다.

- 맹자

3장

말이
사람을 만든다

_언어사춘기를 어떻게 건널까?

말은 행동의 거울이다.

- 솔론

대화는 사람하고만 하는 게 아니다

오래되었지만 볼 때마다 감동을 느끼게 되는 영화 가운데 〈언제나 마음은 태양To Sir with Love〉이 있습니다. 루루가 부르는 주제가 *도 유명하지만 주인공 시드니 포이티어의 연기도 매력적인 영화입니다.

아프리카 기니 출신의 흑인 교사 마크 대커리는 본디 통신 기사였지만 새 직장이 생길 때까지 임시로 교편을 잡습니다. 그가 부임하게 된 곳은 런던의 빈민촌에 있는 학교였어요. 주민들의 삶은 가난에 찌들어 있고 교육 같은 건 아예 관심조차 두지 않는 곳이었습니다. 그는 학교에서도 거의 포기한 학생들이 모인 반을 맡습니다. 그곳 교사들은 비교육적이고 비인격적인 현실에 방관적인 태도로 일관했고, 책임자인 교장 역시 '문제만 생기지 않으면 된다'는 식의 보신주의에 물들어 있었어요. 수업이 제대로 이루어질 리 없습니다. 그곳 아이들에게 학교는 공부하고

---

* QR코드를 스캔하면 루루가 부른 〈언제나 마음은 태양〉의 주제곡을 감상할 수 있다.

자신의 미래를 설계하는 곳이 아니라 그저 냉혹한 현실에서 잠시 도피할 수 있는 공간일 뿐이었습니다.

대커리도 처음에는 다른 일자리가 생길 때까지 시간을 때워볼 작정이었어요. 하지만 아무리 봐도 도저히 현실을 외면할 수가 없었습니다. 그는 교사의 권위 따위 다 집어던지고 아이들을 독립된 인격체로 대하기로 마음먹습니다. 가장 먼저 그는 아이들의 피부에 와 닿지 않는 교과서 설명 대신 인생, 죽음, 결혼, 사랑 등등 친밀하지만 어려운 주제들에 대한 진솔한 이야기들로 수업을 이끌어갔습니다. 덕분에 교사에 대한 아이들의 불신도 차츰 무너져요. 다 아시는 것처럼, 아이들은 끼리끼리 뭉쳐 다닐 때는 말썽도 불사하며 두려움 따위 모르는 듯 행동하지만, 혼자 있을 때엔 나약하기 그지없는 존재입니다. 바로 이런 그들에게 교사 대커리는 교실 밖의 세상이 얼마나 냉혹한지, 생존을 위해서라도 '왜', 그리고 '어떻게' 변화해야 하는지를 깨우쳐주었습니다. 그 결정적 장면이 바로 박물관 탐방입니다.

그러나 다른 교사들은 교내에서도 다루기 힘든 말썽장이들을 런던 시내로 데리고 나간다는 건 모험이자 월권이라고 수군거립니다. 학교에서 벌어지는 사고들이야 밖으로 소문이 새나가지 않게 하면 그만이지만, 시내 한복판에서 불상사가 일어나면 망신살 뻗칠 노릇이니 원천봉쇄하는 편이 낫다고 여겼던 겁니다. 아이들에게는 영국박물관The British Museum*에

---

* 아직도 우리는 그것을 '대영박물관', 즉 '대영제국박물관'의 의미로 부른다. 'Great British'라는

간다는 사실 자체가 상상도 하지 못하던 일이었지요. 1장에서 말씀드렸던 『희망의 인문학』을 읽을 때 저는 이 장면을 떠올렸습니다. 수감자 신분이었던 비키가 얼 쇼리스 교수에게 "시내 중심가에 사는 사람들의 삶을 보여달라"고 부탁했던 바로 그 부분에서 말입니다. 이 사건을 통해 학생들은 비로소 자신이 당당한 개인으로 대우받고 있음을, 모두가 존엄한 존재임을 스스로 깨닫습니다.

서론이 좀 길었습니다. 제가 〈언제나 마음은 태양〉이란 영화 이야기를 꺼낸 이유는 '박물관 장면' 때문인데요. 박물관은 특별한 대화를 즐길 수 있는 곳 중 하나입니다. 침묵의 공간이자 시간이 박제된 공간이고, 아이들에게는 숙제 때문에 어쩔 수 없이 방문하는 답답한 곳이기도 합니다. 그러나 전시된 유물에 눈을 맞추고 말을 걸기 시작하면 박물관은 끝없는 '대화'가 이루어지는 공간으로 변화합니다. 고려청자 전시관에 들어갔다고 가정해봅시다. 아이들의 눈에도 청자의 아름다움은 탁월해 보일 겁니다. 이제 아이들에게 그 빛깔을 설명해보라고 합시다. 상투적으로 '비취색'이나 '옥색'이라고 대답하는 경우가 가장 많겠지요(정작 '비취'를 본 아이는 거의 없습니다. '은쟁반 위에 옥구슬'이 굴러가는 소리를 들어본 적 없는 것처럼). 그다음, 아이들이 실제로 본 색깔 가운데 어떤 것이 고려청자의 빛깔과 가장 가까운지 설명하라고 해봅니다. 그리고 그 색깔들의 이름을 말하게 하세요. 색상을 표현하는 언어들이 얼마나 세밀하고

명칭이 없는데도. 아마도 일본제국주의자들의 번역을 그대로 쓴 습관 탓일 것이다.

다양한지 느낄 겁니다.

이번에는 고려청자의 모양을 설명해보도록 합니다. 그냥 '멋진 도자기'로만 여기고 대충 훑어보는 것과 달리 모양을 직접 설명하려면 자세히 보고 생각해야 합니다. '이건 왜 참외 모양일까?', '저건 팔각형인데… 만들기 쉽지 않았겠어' 등등 나름대로 생각이 꼬리에 꼬리를 물게 되지요. 이름표에 적힌 '과형瓜形'이라는 한자말의 뜻은 모르지만 아이들은 눈으로 모양을 보고 압니다('과형'이라는 말보다 '참외 모양'이라는 이름이 더 낫지 않을까요?). 이제 아이들은 다음 단계로 나아갑니다. '그런데 왜 주전자를 참외 모양으로 만들었을까?' 이런 식으로 묻다 보면 평소에 예사롭게 봤던 참외에 대해서도 다시 생각하게 되겠지요. 이처럼 어떤 대상의 형태를 자세히 보는 것은 관찰력뿐 아니라 사고의 확장에도 도움이 됩니다. 그 자체로 이미 모종某種의 대화를 나누는 셈이지요.

이런 식으로 처음에는 대상의 모양이나 재질 등을 관찰하고 궁금해하고 묻고 캐다 보면 궁금증과 질문이 다양해지고 깊어집니다. '이 도자기를 만든 사람은 수입이 얼마쯤 되었을까?', '이 정도 작품은 당시에 어떤 평가를 받았을까?', '아무리 도공이 천하게 대우받았던 시대라 해도 최고 수준의 작품을 만드는 예술가라면 대우도 다르지 않았을까?' 이렇게 묻다 보면 아이들은 자연스레 당시의 사회상과 정치·경제적 구조에 대해서도 관심을 갖게 됩니다. '마음에 들지 않는 작품이 나오면 주저하지 않고 깨뜨렸다던데, 그중 괜찮은 거 골라서 싸게 판다면 경제적으로 도움이 되지 않았을까?' 같은 현실적인 물음도 나올 법합니다.

　이제 질문의 범위를 조금 넓혀봅시다. 왜 청자가 쇠퇴하고 백자로 넘어가게 되었을까요? 물론 고려의 불교와 조선의 유교가 지향하는 방향과 내용이 다르기 때문이라는 점도 한몫했겠지만 그게 전부는 아닐 겁니다. 분명 다른 요인들도 있을 거예요. 박물관 견학 시 도록을 읽을 수 없는 상황이 많을 터이므로 이럴 때는 휴대폰으로 궁금한 점들을 검색해볼 것을 추천합니다. 책에서 얻을 수 없는 지식과 사고 능력을 현장에서 몸과 머리로 얻는다는 것은 정말 매력적인 경험이지요.

　마지막으로 다른 사례를 하나 더 다뤄보겠습니다. 고려청자를 전시한 방과 조선백자를 전시한 방은 별개입니다. 하나의 방에서 다른 방으로 건너는 데에 걸리는 시간은 불과 몇 분도 되지 않아요. 그러나 박물관에 전시된 각각의 공간을 건널 때 우리는 사실 수백 년의 시간차를 몸소 경험하는 셈입니다. 때로는 시간 간격이 그보다 훨씬 더 많이 벌어질 수도 있고, 지금 내가 느끼는 몇 분이 과거의 역사에서는 엄청난 시간의 압축이라는 걸 느낄 수도 있습니다. 또 하나, 전시실 가운데 가장 인상적인 공간을 하나 선택해서 아이들에게 설명하라고 해보세요. 이 역시 말의 외연을 확장하고, 사유의 다양한 방식을 훈련할 수 있는 재미있고 유익한 경험이 될 것입니다.

곰 같은 나 vs. 나는 곰이다

이번에는 학창시절 국어시간에 배웠던 수사법修辭法을 통해 사유의 방식이 어떻게 구성되는지 살펴보겠습니다. 여러분 자신을 '나는 ~와(과) 같다'로 표현해보세요. "나는 코스모스 같다", "나는 곰 같다", "나는 사탕과 같다" 등등 다양한 문장을 별 고민 없이 말할 수 있을 겁니다. 이제 '나는 ~(이)다'로 표현해보세요. "나는 호수다", "나는 곰이다", "나는 사탕이다" 등인데요. 의외로 쉽게 만들어지지 않을 겁니다.

왜 앞의 문장은 쉽게 만들었는데 뒤의 문장을 만들 때는 이리저리 궁리하게 되었을까요? 사실 우리는 이런 질문조차 제대로 던져본 적이 없습니다. 그저 앞의 수사법은 직유법, 뒤의 것은 은유법이라고 도식적으로 배웠을 뿐이지요.

직유법은 비유법 중 가장 간단하고 명쾌한 형식으로 두 개의 사물을 직접적으로 비교하여 표현하는 방법입니다. 이런 방식의 문장을 별 고민 없이 쉽게 만들 수 있었던 것은 바로 나의 특성의 '일부'를, 어떤 특정한 사물의 속성 '일부'와 연결시키면 되는 것이기 때문입니다. 물론 직유의 표현은 묘사가 정확하고 논리적이며 실명적인 특징을 갖지만 무엇보다 '부분 대 부분'의 연관 구조를 갖고 있기에 보다 쉽게 표현할 수 있습니다. 반면 은유법은 사물의 본뜻을 숨기고 주로 보조 관념들만 간단하게 제시하는, 즉 직유보다 한 단계 발전된 비유법으로 하나의 사물을 다른 말로 이해하는 개념입니다. 이것은 일종의 수사법으로 두 개의 사물이나 관념 간의 유비類比로 구성되는데, 이 유비는 특정한 다른 말의 자리에 은유적 어휘를 사용합니다.

말이 조금 어렵지요? 앞에서 은유법으로 나를 서술하라고 했을 때 직유법으로 서술하는 것보다 생각하는 시간이 오래 걸렸던 것은 '나의 전체'와 '사물 혹은 대상의 속성 전부'를 연결하는 것이기 때문이었습니다. '나는 곰과 같다'고 했을 때 나의 여러 성격 가운데 우직한 점 하나와 곰의 여러 성격 가운데 우직한 점이 곧바로 연결될 수 있다고 여겼기 때문에, 즉 부분과 부분을 연결하는 것이기 때문에 고민하는 시간이 오래 걸리지 않았지만 '나는 곰이다'라고 했을 때는 '나와 곰의 속성이나 특징 전체가 하나의 고리'로 연결되어야 하기 때문에 망설이게 되었던 겁니다.

우리는 학교에서 '사고의 작용'이라는 게 어떻게 반응되는지 배운 적이 없습니다. 모국어를 배우는 국어시간에도 그저 시험을 위한 방식만 반복했을 뿐입니다. 그래서 직유법은 단순하게 '~는 ~와(과) 같다'는 식으로 외웠고, 은유법은 '~는 ~(이)다'는 식으로 가르치고 배웠지요. 그러나 모든 문장의 구성과 방식에는 그 문장에 사용된 어휘뿐 아니라 수사법에 따라 다른 방법과 내용 혹은 작동의 방식이 담겨 있습니다. 그래서 직유법으로 나를 표현하는 것과 은유법으로 나를 표현하는 데 걸리는 시간과 고민의 차이가 생기는 것이지요.

문장 자체뿐 아니라 그 문장을 생성하는 방식에 따라서도 이처럼 생각의 차이가 나타납니다. 이러한 사례를 계속해서 찾아내고 따져보는 것만으로도 우리는 사고 생성의 문제에까지 이해의 폭을 넓힐 수 있습니다. 그만큼 판단과 행동에도 차이가 나타나게 되고요. 아이들과 대화할 때 이러한 수사법을 다양하게 구사함으로써 자연스럽게 사고의 확장을 꾀해본다면 어떨까요? 분명 그것만으로도 재미와 효과를 동시에 얻을 수 있을 겁니다.

언어 확장의 즐거움

1장에서 저는 "순우리말에는 사유 작용을 담은 언어가 충분하지 않거나 제대로 사용하지 않아 죽은 말이 되는 경우도 있지만 감각과 감정의 언어는 대단히 풍부하다. 한국 사람들의 손재주가 좋은 것도 그런 언어의 다양성 덕분일 수 있다"고 말씀드렸습니다. 이 같은 장점을 더 깊이 파고들기 전에 잠시 반성적 성찰을 해볼까 합니다.

'오방색五方色'을 아실 겁니다. '오방정색'이라고도 하는데, 황黃, 청靑, 백白, 적赤, 흑黑의 다섯 가지 색을 말하지요. 음과 양의 기운이 생겨나 하늘과 땅이 되고, 다시 음양의 두 기운이 목木, 화火, 토土, 금金, 수水의 오행을 생성했다는 음양오행陰陽五行 사상을 기초로 하며, 오행에는 오색이 따르고 방위가 따르게 되어 있습니다. 색깔과 방향의 짝을 지어보면, 중앙과 사방을 기본으로 삼아 황은 중앙中央, 청은 동東, 백은 서西, 적은 남南, 흑은 북北을 뜻합니다.

오방색은 우리의 전통에서 생활과 밀접한 관련을 맺고 있습니다. 혼례 때 신부 얼굴에 연지곤지를 바른다거나, 명절에 아이들에게 색동저고리를 입히는 것도 나쁜 기운을 막고 무병장수를 기원하기 위해서였지요. 잔칫날 국수에 올리는 오색고명*이나 지붕의 단청, 그리고 요즘은 흔히 보기 어렵지만 식탁보 등의 조각보에도 오방색이 널리 쓰였습니다.

그러다 보니 거의 모든 색깔의 이름이 이 다섯 가지로 대충 분류되는 경우가 많습니다. 심지어 녹색도 '푸른색'으로 뭉뚱그려 말하는 습관이 지금도 남아 있잖아요? 신호등에 보행 가능 불이 들어오면 다들 "파란 불이다" 하면서 길을 건너는 것처럼 말입니다. 이런 이유로 어떤 화가들은 우리의 색채 감각이 은연중 섬세하지 않고 단순하다고 불평하기도 합니다. 세밀한 분류에 따라 '코드와 넘버'로 색을 구분하는 서양식 체계가 우리에게는 없다는 거죠.

그러나 달리 보자면 이는 기초 색감이 견고하여 이를 바탕으로 다양한 색을 구성할 수 있는 토대가 갖추어졌다는 뜻이기도 합니다. 조금 거칠게 비유하자면 기본 개념을 확실하게 세운 아이들이 응용문제를 잘 푸는 것과 같다고 할 수 있겠지요. 문제는 아이들 스스로 풍부한 언어를 생산하고 유통하며 소비할 수 있어야 한다—이를 테면 다양한 파생 색채를 지칭할 수 있는 것처럼—는 점입니다. 예를 들어 순도 백 퍼센트

---

* 다섯 가지 색의 채를 썬 고명인데 주로 황백 지단(노랑과 흰색), 석이 채(검정), 호박 채(녹색), 실고추(붉은색)를 많이 쓴다.

의 파란색을 기본으로 우리는 '푸르스름한' 혹은 '푸르딩딩한'이라는 색을 분별하고 말할 수 있습니다. 그런데, 이런 식의 형용사나 관형사들을 한번 눈여겨보세요. 어떤 정확한 색상을 지칭하는 것인가요? 아닙니다. 이 색상들은 오히려 말하는 이의 정서가 개입된 표현에 가깝습니다. 이처럼 색깔에 정서를 표현할 수 있다는 것은 우리말이 지닌 대단한 능력입니다. 그러나 색깔에 대한 세밀하고 정확한 낱말을 찾아내고 사용하는 것 또한 가볍게 넘길 일은 아닙니다.

색깔에서 분명하고 또렷한 다섯 가지의 색, 즉 오방색을 기본으로 그 주변의 색들을 '애매하게' 표현하는 특징을 갖고 있는 우리말은 현대과학에서 말하는 이른바 '퍼지fuzzy'* 의 영역에서 특별한 능력을 발휘할 수도 있습니다. 물론 앞서 말씀드린 것처럼 정확하고 객관적인 표현이 먼저 정립되어야 하지만요. 따라서 부모님들은 아이들이 어렸을 때부터 다양한 감각언어를 사용할 수 있도록, 그리하여 언어사춘기를 보다 매끄럽게 넘길 수 있도록, 이 시기에 아이들의 언어 활용 능력이 증폭될 수 있도록 여러 모로 도와야 할 것입니다. 어떤 방법들이 있을까요?

---

* 과학기술에는 걸맞지 않는다고 여겨지던 인간의 사고나 판단의 애매함을 수량화하는 것으로, 인간과 밀접하게 관련된 기계나 시스템에 새로운 발전의 길을 여는 공학 분야를 이른다.

풍부한 감각어가 자산이다

본론으로 들어가기 전에 시詩 이야기를 하고 싶습니다. 여러분은 학창시절 국어시간에 시를 어떻게 배웠나요? 시상詩想이나 시어詩語를 구상하는 데 필요한 섬세한 사유, 혹은 언어의 조형능력에 대한 공부보다 어떤 시에 드러난 상징과 기법 등을 분석하고 해석하는 일에 치중했지요. 지금도 사정은 크게 달라지지 않았습니다. 시는 '모국어의 못자리'입니다. 우리는 시를 통해 모국어를 조형하면서 섬세한 사유와 풍부한 감성, 그리고 다양한 감각을 꽃피웁니다. 다음의 시 한 구절을 새겨봅시다.

시골역 하나라도 거르지 않는다.
연착하는 버릇으로 그 모든 역이름에
입 맞추는 가쁜 숨결 잠재우는 머무름이
큼직한 희망의 가방 들고 떠나는 이들

가슴에 굵은 생채기 하나 길게 길게

기적을 파묻는다.

김창완 시인의 「상행선 완행열차」라는 시의 첫째 연입니다. 지금은 완행열차라는 명칭은 사라졌지만 낱말과 정서는 아직 남아 있습니다. 덕분에 우리는 여전히 느릿느릿 달리던 기차를 기억하거나 상상할 수 있지요. 시인은 바로 그 기차가 달리는 광경을 절묘하게 표현했습니다. 시의 정서와 사상의 틀 안에서 모국어를 새로운 생명으로 빚어냅니다. 그 결과 일상의 언어가 더욱 섬세해지고, 다양해지며, 깊어집니다.

어른의 시에서만 이런 의미 있는 작업이 행해지는 건 아닙니다. 유강희 시인은 단 3행짜리 동시를 통해 감각적 상상력을 탁월하게 발휘했습니다. 시집 『손바닥 동시』에는 그런 동시들이 아롱아롱 달려 있습니다. 「하늘 딱지」라는 시를 볼까요?

빠알간 해 딱지

노오란 달 딱지

누가 쳐서 넘기나.

감각적인 상상력이 아주 뛰어나죠? 해가 지고 달이 뜨는 하루해의 흐름을 색깔과 딱지놀이로 표현했습니다. 아이들은 그 시심詩心을 금세 읽어낼 수 있습니다. 그리고 스스로도 저런 시를 쓸 수 있습니다. 이번에는 어떤 '모습'을 표현한 동시를 볼게요.

무얼 물어도
궁뎅이만 뙤똥뙤똥
몰라몰라 꽥꽥꽉꽉

무엇을 묘사한 것인지 딱 보면 알 수 있습니다. 「오리」라는 동시입니다. 의태어와 의성어가 골고루 쓰였지요. 이번에는 소리만으로도 얼마나 멋진 동시가 될 수 있는지 그 예를 보겠습니다.

호로로호로록
후룩후루루룩
뽀록뽀로로뽁

'국수가족'이라는 제목의 동시입니다. 오직 소리로만 표현되어 있어요. 심지어 그것 말고는 아무런 낱말도 없습니다. 그런데 우리는 그 소리만으로도 굳이 제목을 보지 않더라도 어떤 상황인지 충분히 상상할 수 있습니다. 그리고 소리의 차이를 통해 서로 다른 여러 사람들이, 그것도 나이나 성별이 다른 사람들이, 그러니까 어쩌면 가족이 모여 함께 국수를 먹고 있는 모습을 떠올릴 수 있습니다. 그냥 귀에 들리는 것과 문자로 적어보는 건 이렇게 다른 느낌, 다른 표현으로 나타날 수도 있는데요. 국수 면발이 입으로 빨려 들어갈 때의 소리를 붙잡아내는 시인의 날카로운 관찰력, 그 모습을 감각적 언어로 구사하는 표현 능력, 그리고 이 모두를 '국수가족'으로 형상화하는 솜씨가 정말 대단합니다.

풍부한 표현이 가능한 언어를 습득하는 것은 매우 큰 자산資産입니다. 그런데 섬세하게 사유하고, 다양한 감각을 동원하여 인지하고 느끼며, 여기서 얻은 깊은 감정을 언어로 표현하는 능력은 결코 저절로 얻어지지 않습니다. 적절한 시기에 적합한 훈련을 받아야 해요. 그러면 누구나 습득할 수 있습니다. 어떤 방법이 있을까요? 물론 책 읽기가 가장 좋습니다만, 독서에 익숙하지 않은 아이들에게 다짜고짜 책을 읽으라고 하면 짜증만 내겠지요.

제가 추천하는 첫 번째 방법은 책에서 낱말을 찾아보는 게임입니다. '개념어나 관념어', '감각언어', '감정언어' 등의 범주를 정하고 거기에 해당하는 낱말을 한 번에 세 개씩 찾아보는 겁니다. 어려운 낱말일 경우 함께 사전을 찾거나 인터넷 검색창으로 찾아보고 나서 그 뜻을 설명해주면 아이들에게는 뜻밖에 큰 도움이 됩니다. 그 과정 자체가 하나의 대화가 될 수도 있고요.

두 번째 방법은 '목록표' 또는 '낱말 노트'를 만들어서 하루에 각 분야마다 세 개씩, 그날 사용했던─의식적으로 사용해도 무방할 뿐 아니라 사실은 '의식적으로' 하는 게 더 좋습니다─ 낱말들을 적는 것입니다. 가능하다면 가족이 함께하는 게 더 좋습니다. 그만큼 낱말의 숫자가 늘어나고 이 과정에서 비록 낮은 단계이긴 해도 일종의 집단지성을 체감하고 훈련할 수 있으니까요. 물론 날마다 할 필요는 없습니다. 억지로 하는 느낌이 들거나 의무감 때문에 지겨울 수 있거든요. 일주일에 세 번쯤이면 충분합니다. 그러고 나서 2주 단위로 그 낱말들을 설명하거나 그 낱말들을 사용해서 문장을 만들어보면 좋을 겁니다.

어떤 방식이든 아이들 스스로 다양한 낱말을 만나고 쓸 수 있도록 기회를 만들어주어야 합니다. '가랑비에 솜옷 젖는다'는 말도 있지 않습니까? 처음엔 효과가 미약하게 보일지라도 시간이 지날수록 큰 성과를 얻게 될 것입니다. 그리고—이렇게 말하기는 싫지만— 실제로 성적의 향상에도 은연중 도움이 될 테고요.

언어기록장을 활용하라

말(언어)은 하나의 쓰임과 뜻으로만 쓰이는 게 아닙니다. 파생어나 합성어로, 때로는 새로운 말을 생성하면서 다양한 갈래로 확장되지요. 그러나 어법에서 벗어난 말, 무분별하게 만들어지고 사용되는 말들은 자칫 언어의 기본 규칙을 망가뜨릴 수 있다는 점을 명심해야 합니다. 물론 자연스럽게 정리되기도 하지만 가능하면 아이들에게 일찌감치 올바른 언어 습관을 길러주는 게 좋습니다.

문법적으로 크게 잘못된 건 아니지만 지나친 사용으로 언어를 망가뜨리는 경우도 있습니다. 한자에서 온 개념이나 관념을 담은 명사에 '~하다'를 붙이는 경우가 이에 해당하는데요. '생각하다'를 '생각을 하다'로 쓴다거나 '필요한'을 '필요로 하는'으로 쓰는 것, 혹은 '우리 회사는 ~길 ~에 있습니다'라고 하면 될 것을 '우리 회사는 ~길 ~에 위치해 있습니다'라고 쓰는 것 등입니다. 평소에 다양한 동사를 사용하지 않으니까 쉽게 명사에 '~하다'라는 말을 붙여 써서 생긴 언어 습관이지요. '하다'와 '되다'를 제대로 구별하지 못하는 경우도 흔히 볼 수 있습니다. 피동형이 없는 언어까지 피동형으로 만들어서 '되어지다'라는 해괴한 말을 쓰기도 합니다. 정확한 언어 구사에 대한 자신감이 없으니 그냥 뭉뚱그리는 거예요. 이런 습관들이 굳어지면 일종의 언어 장애가 될 수 있습니다. 그러므로 다양한 동사를 자연스럽고 자유자재로 쓸 수 있는 능력을 키우는 언어 교육이 필요합니다.

제가 추천하는 방법은 '언어 기록장'을 만들어 쓰는 것입니다. 의무적으로 하면 재미도 없고 효과도 떨어지니, 아이들과 함께 놀이하듯 게임하듯 활용하는 편이 좋습니다. 예를 들어 명사名詞 리스트를 만들어봅니다. 아이들은 '사물'의 이름부터 떠올릴 것입니다. 아무래도 본인이 관심을 가진 대상이나 눈에 잘 띄는 대상이 먼저 떠오르겠지요. 그것만으로도 아이들이 어떻게 생각하는지를 조금은 짐작할 수 있습니다. 그다음, 기록장에 적은 명사를 동사와 연결시키는 겁니다. '게임'과 '컴퓨터'라는 명사를 적었다고 칩시다. 여기에 동사를 연결하는 것인데요. '게임을 하다', '게임하고 싶다', '게임 전략을 짜라' 등이 가능할 겁니다. '게임을 하다'의 경우는 명사에 목적격 조사 '을(를)'을 붙여 '~하다'로 만드는 가장 일반적인 변형입니다. 그런데 '게임하고 싶다'에서는 '게임하다'에서 파생된 '게임하고'에 주목합니다. 목적격 조사를 불필요하게 붙이지 않아도 된다는 것을 자연스럽게 터득하게 되지요. 방금 전 말씀드렸던 부자연스러운 언어습관을 어렵지 않게 극복하는 것입니다. '게임 전략을 짜다'

의 경우에는 다른 명사와 합쳐서, 즉 복합명사로 만들어서 목적어의 개념을 확장하는 법을 터득할 수 있고요. 이런 식으로 문장의 확장 능력을 키우면 저절로 사고 확장 능력을 키우는 데에도 도움이 됩니다.

이번에는 그 낱말을 대체할 수 있는 말, 즉 비슷한 말을 찾아봅니다. '게임'은 '규칙을 정해놓고 승부를 겨루는 놀이'라는 뜻이니 '게임' 대신 '놀이', '경기', '내기' 등을 쓸 수 있습니다. 이때 미묘한 차이점을 찾을 수 있는데요. 먼저, '규칙을 정해놓고'라는 것은 세 낱말 모두에 공통으로 적용됩니다. 이 개념이 바로 각 낱말의 핵심적인 정의definition가 되는 셈입니다. 그런데 경기나 내기에는 '승부를 겨룬다'는 의미가 담겨 있지만 '놀이'에는 100% 해당되지 않습니다. 승부와 상관없이 재미를 위해 서로 놀이할 수 있으니까요. 또한 '승부를 겨룬다'는 점에서는 경기와 내기가 상통하지만 '내기'는 놀이와 경기의 경우와 조금 다른 '어떤 조건'이 들어갑니다. 놀이나 경기는 그 자체를 즐기기 위해 하지만 내기는 '어떤 것을 걸고' 하기 때문입니다.

아이들은 비슷한 말(대체할 수 있는 말) 찾기를 통해 두 가지 유익을 얻을 수 있습니다. 첫째, 각 낱말의 정확한 쓰임과 규칙을 결정하는 조건, 즉 정의의 명확성을 키우는 힘을 기르게 됩니다. 우리가 어떤 것을 이해하기 위해서는 반드시 그 말이 지칭하는 조건과 범위, 그리고 쓰임을 명확하게 알아야 합니다. 논리적이고 과학적 사고에 필수적이지요. 정의를 내리지 않고 개념을 습득하는 것은 거의 불가능합니다. 혹시 대충 이해했다 하더라도 잘못 쓸 수 있으니 위험하고요. 그렇다고 해서 무조건

정의를 먼저 이해해야 언어를 배울 수 있다고 한다면 그것만큼 따분하고 재미없는 일도 없을 겁니다. 이럴 때 위와 같은 방식은 아이들이 자연스럽게 언어를 이해하고 습득하는 데 큰 도움이 됩니다. 둘째, 사고와 판단의 갈래가 깊고 넓어집니다. 비슷한 말이라 해도 뜻이나 쓰임에 미세한 차이가 있음을 느낀다는 것은 그만큼 언어 사용 능력이 신장되었음을 의미하니까요. 또한 '적확한' 언어를 사용할 수 있는 습관도 길러줍니다.

비슷한 말 혹은 대체할 수 있는 말을 찾았다면 이번에는 반대말이나 그에 맞서는 말을 찾아봅니다. 반대말을 찾는 것은 단순히 의미의 반대편에 있는 낱말을 검색하는 데 그치지 않습니다. 반대되는 개념과 정의를 통해 어떤 낱말의 개념과 정의를 보다 명확하게 인식하게 해주는 '거울' 역할도 하기 때문입니다. 또한 반대의 뜻과 쓰임을 이해하고 그것의 범위를 인식하게 되면 나와 생각이 '다르다' 혹은 '정반대'라고 해서 그게 '틀렸다'가 아니라 서로 생각과 방향에서 차이가 날 뿐이라는 점을 수용하게 됩니다. 즉 각각의 입장과 의미를 인정할 수 있는 힘을 기르게 되지요. 이러한 능력은 민주주의 사회에서 공정성을 확대하고 갈등 요인을 줄여줄 수 있다는 점에서도 매우 매력적입니다.

이런 식으로 명사에서 시작해서 동사와 형용사(국어에서는 관형사), 그리고 부사 등으로 확대하면서 기록장을 써보면 다양한 즐거움과 효과를 함께 얻고 누릴 수 있게 될 것입니다. 그런 목록들이 쌓이면 그 자체가 나의 '사전'이 될 텐데요. 그것이 바로 내 생각의 밭이자 나의 영토가 될 것입니다.

다양한 언어의 힘은 어떻게 작용하는가?

흔히 가장 뛰어난 교육적 사고를 가진 민족들을 언급할 때 유태인이 빠지지 않습니다. 역대 노벨상 수상자들을 봐도 알 수 있습니다. 현재 전 세계적으로 유태인은 약 1,400만 명쯤 된다고 합니다. 미국에 600만 명쯤, 이스라엘에 530만 명이 있고, 그 밖에 전 세계에 퍼져 있는 유태인들이 300만 명에 가깝다고 합니다. 세계 인구가 70억 명을 넘어 거의 80억 명에 육박하고 있는 걸 감안하면 유태인들의 분포 비율은 0.2%쯤에 불과합니다. 그런데 노벨상 수상자는 어떨까요? 무려 30%가 넘는다고 합니다. 놀라운 일입니다. 평화상이나 문학상보다는 물리, 화학, 의학, 생리, 경제학 등에 걸쳐 있는데, 특히 과학과 경제학 분야만 따지면 전체의 1/3이 넘습니다. 그 뿐 아니라 미국 아이비리그 대학 교수의 20%가량, 그리고 미국 100대 부호들 가운데 20% 정도가 유태계라고 합니다.

유태인들이라고 특별히 IQ가 높은 것은 아닙니다. 그렇다면 왜 소수의 그들이 엄청난 결과를 보이고 있는 것일까요? 흔히 유태인 교육의 특징을 꼽을 때 빠지지 않는 것이 '질문의 능력'을 키우는 교육입니다. 우리는 아이들이 학교에서 돌아오면 "오늘은 뭘 배웠니?"라고 묻지만 유태인들은 "오늘은 학교에서 어떤 질문을 했니?"라고 물어본다고 합니다. 교사 또한 답을 미리 가르쳐주고 그 답에 도달하는 방법을 알려주는 일방적 교육을 제공하는 게 아니라 아이들이 충분히 물어볼 수 있도록 유도하고 그 질문에 맞는 탐구 방법을 함께 찾도록 이끈다고 합니다.

답을 배우는 것은 일방적입니다. 이 과정에서 학생은 수용자에 지나지 않아요. 게다가 답은 하나밖에 없으니 '배우는 나'는 그 답에 관여할 수 없습니다. 이미 앞서 연구한 사람들이 만들어낸 결과물이니까요. 그러나 질문은 '나 스스로' 해야 합니다. 이런 점에서 매우 주체적인 활동이지요. 또한 답은 하나밖에 없지만 질문은 끝이 없으며 질문한 주체가 나이기 때문에 당연히 그것의 답을 찾아내는 데에도 적극적으로 관여할 수밖에 없습니다. 모든 질문은 나름의 답을 갖고 있으며 그 답을 찾아내려고 노력하는 과정 자체가 새로운 해법의 발견입니다. 또한 질문에 대한 답을 찾다 보면 하나의 길만 있는 게 아니라 옆길, 샛길, 지름길등 전혀 예상하지 못했던 '여러 길들'을 보게 됩니다. 그야말로 무궁무진한 확장 가능성을 몸소 경험하는 것이지요. 그런데도 우리는 유태인들이 얻은 결과물들에 대해서만 감탄합니다. 심지어 성경에 경도된, 매우 편향적*인 해석을 즐겨 하는 우리나라 기독교 신자들 가운데 상당수는

'이스라엘 백성' 운운하거나 『탈무드』만 강조해요. 본질을 보지 못하고 껍질만 보는 셈입니다.

정말 중요한 점은 따로 있습니다. 우리가 흔히 간과하고 있는 것인데요. 바로 유태인들은 기본적으로 '이중언어 사용자bilingual'라는 점입니다. 우선 유태인들의 의무를 잠깐 살펴보는 게 도움이 될 겁니다. 첫째, 유태인들은 아들을 낳으면 할례를 합니다. 둘째, 유태인들은 아들에게 '모세오경'*을 가르쳐야 합니다. 경전은 '문자'로 쓰였기 때문에 그것을 배우려면 글자 즉 히브리어를 배워야 합니다. 만약 부모가 글을 모르는 사람이라면 선생에게 보내 배우게 합니다. 셋째, 유태인 자식들을 통해 널리 번식해야 합니다.

이 가운데 우리가 주목할 점은 두 번째 의무입니다. 글을 읽을 줄 안다는 건 고대사회에서 매우 특별한 것입니다. 문자가 만들어진 게 불과 5천 년 전쯤인데, 당시엔 글자를 쓰거나 읽거나 의미를 파악할 수 있는 사람이 별로 없었어요. 전 인류의 1%가 채 되지 않았습니다. 그런데 유태인들은 글을 읽을 줄 알았습니다. 이것은 매우 놀랍고 흥미로운 일이에요. 글을 읽을 줄 안다는 것은 그렇지 않은 사람들에 비해 습득한 정보의 양이 많다는 뜻이고 문화적으로도 훨씬 더 우위에 있음을 의미합니다. 이 사실 하나만으로도 유태인들은 다른 민족에게서 동경과 선망

---

* 흔히 '토라'라고 불리기도 하는 「창세기」, 「탈출기」(혹은 「출애굽기」), 「레위기」, 「민수기」, 「신명기」 등 다섯 개의 경전으로 모세가 썼다는 전승이 있어서 '모세오경'이라고 부른다.

을 받았을 겁니다. 글을 읽을 줄 아는 사람들은 사고의 논리성과 확장성 면에서 매우 유리합니다. 그런데 유태인들은 로마의 점령 이후 자신들만의 독립된 나라를 갖지 못하고 뿔뿔이 흩어져 살아야 했습니다. 흔히 말하는 '디아스포라^{Diaspora}'*이죠.

만약 그들이 이탈리아에 들어가 살았다고 가정해봅시다. 이미 히브리어를 읽고 쓸 줄 아는 사람들에게 이탈리아의 언어(지배계급은 라틴어를 쓰고 보통 사람들은 이탈리어를 썼겠지만)를 배우는 건 크게 어렵지 않은 일이었을 겁니다. 러시아에 들어가 살게 된 유태인들은 당연히 러시아 언어를 배웠겠지요. 그러므로 자기 나라에서 추방되어 여러 나라에 흩어져 살아야만 했던 유태인들은 기본적으로 이중언어 사용자가 되었던 겁니다. 글을 읽고 쓸 줄 알며, 게다가 두 개의 언어를 구사할 수 있다는 것은 단순히 지식과 정보를 습득하는 데 유리하다는 것 이상을 의미합니다. 사고하는 방법과 내용 면에서도 차이가 나고, 그 결과 또한 달라질 수밖에 없으니까요.

'글을 알고 있다'는 것은 여러 의미를 내포합니다. 정보를 습득하기 수월하다는 점을 넘어 그 정보를 스스로 분류하고, 재구성하고, 재생산할 수 있다는 뜻이지요. 지금 우리나라에는 글을 모르는 사람이 거의 없습니다. 글은 다 읽어요. 문제는 쉬운 글에 만족한다는 점입니다. 쉬운 글

---

* 팔레스타인을 떠나 세계 각지에 흩어져 살면서 유대교의 규범과 생활 관습을 유지하는 유태인을 지칭한다. 후에 그 의미가 확장되어 본토를 떠나 타지에서 자신들의 규범과 관습을 유지하며 살아가는 민족 집단 또는 그 거주지를 가리키는 용어로도 사용된다.(두산백과)

이란 한마디로 구어를 그냥 글로 바꾼 거예요. 일상에서 사용하는 언어들이 대부분 그렇습니다. 많은 한국 사람들이 철학책을 읽지 못하는 가장 큰 이유 중 하나가 '생소한 낱말'들 때문입니다. 바로 일상에서 별로 사용하지 않을뿐더러 머릿속으로 떠올릴 일조차 없는 용어들이지요. 하지만 소설책은 읽습니다. 소설책은 일단 이야기가 분명하고 감각이나 감정언어가 차지하는 비중이 높아 철학책보다 접근성과 가독성이 좋으니까요. 물론 소설 중에서도 사유가 필요한 경우에는 외면당하기 일쑤지만요.

왜 이런 현상이 벌어질까요? 언어를 '읽을' 줄은 알지만 그 언어의 의미를 쉽게 파악하고 소화하는 훈련이 결핍되어 그것을 제대로 이해하기가 힘들기 때문입니다. 유태인들이 '글을 읽고 쓰는' 능력과 훈련을 매우 중시한다는 점을 주목하지 않으면서 그들의 교육방식─결과만 부각시키며 강조하는─만 들여다보는 것은 주객이 바뀐 것입니다.

유태인들이 여러 방면에서 뛰어난 결실을 거두고 있는 것은 인종이나 종교 덕분이 아닙니다. 사고하고 학습하는 방식, 그리고 그 바탕을 형성하는 이중언어 사용 능력에 있습니다. 이제 우리도, 자녀들이 일상에서 호기심을 마음껏 발현하며 용감하게 질문할 수 있도록, 다양한 언어의 힘을 체험하도록, 다양한 사고를 가능하게 하는 말이나 글과 친해질 수 있도록 환경을 조성해주어야 할 것입니다.

빅뱅=감각언어+사고언어+타이밍

요즘 '융합融合'이라는 말을 많이 씁니다. 기술 융합이니 서비스 융합이니 하는, 알 듯 모를 듯한 표현도 많습니다. 말 그대로 융합이란 '다른 종류의 것이 녹아서 서로 구별이 없게 하나로 합해지거나 그렇게 만드는 일'입니다. 하지만 이것저것 마구 섞는다고 해결되는 일은 절대 아니지요. 그렇다면 언어에서의 융합이란 어떤 차원에서 어떤 과정을 거쳐 일어나는 일일까요? 융합이 언어사춘기에 이뤄져야 하는 중요한 이유는 또 무엇일까요?

우리말은 감각과 감정을 표현하는 말이 매우 풍부하다고 했지요. 반면 사고와 개념을 다루는 말은 한자어에서 빌려온 게 많아 겉돌기 쉽습니다. 일상생활에서 거의 쓰지 않으니 자연스레 분리될 수밖에요. 그 결과 사고언어가 위주인 책을 읽을 때 종종 낯설고 따분해집니다. 새로운 사유가 유입되지 않으니 생각은 정체 상태에 빠지거나 단순해지기 쉽고요. 불행한 일이지만, 이것이 현실입니다. 그런데 이 문제를 조금 다른 관점에서 살펴보면 희망이 없는 게 아님을 알 수 있어요.

여러분, 솔직히 말씀해보세요. 일면 무지하게 보이는—사유언어나 개념어 사용에 미숙한— 요즘 젊은 세대가 우리로서는 상상도 하지 못할 뛰어난 아이디어를 내고, 이를 실행에 옮기는 모습을 보면 어떤 생각이 드시나요? '한류 콘텐츠'만 보아도 그렇습니다. 대개 기존 세대의 사고방식과 관념을 전복顚覆한 것들 아니던가요? 학습한 사상이나 사유의 토양에서 빚어진 게 아니라 뛰어난 직관과 감성이 발현된 결과물이 대부분이고요. 이를 언어의 영역만 놓고 따져본다면, 풍부한 감각과 감정의 속성이 작용된 면이 분명히 있습니다. 자, 여기에 사유와 개념의 언어가 첨가되면 어떤 결과가 나올까요?

사실 큰 그림이나 밑그림을 그리는 데 필요한 것은 감정이나 감각이 아니고 깊은 사유와 그로부터 돌출된 엄정한 개념입니다. 표피적이고 현상적인 것은 직관적 매력을 풍기지만 시류가 바뀌면 금세 잊힙니다. 변덕스러운 대중의 마음에 따라 롤러코스터를 타지요. 그러니 튼튼한 바탕으로 삼기엔 역부족입니다. 스마트폰을 예로 들어볼게요. 실제로 스마트폰에서 가장 큰 부가가치를 올리는 것은 디자인이나 지엽적 기능이 아니라 운용체계입니다. 물성物性을 가진 스마트폰이라는 기기는 부침을 겪지만, '안드로이드'라는 운용체계는 그럴 일이 없어요. 삼성전자를 보세요. 뛰어난 반도체 기술을 바탕으로 품질 좋은 스마트폰을 생산하여 엄청난 이익을 거두었지만, 중국에서는 이미 점유율이 곤두박질치고 있

습니다. 그러나 안드로이드를 손에 쥔 구글은 여전히 고공행진 중이에
요. 안드로이드 체계로 작동되는 스마트폰이 많이 팔릴수록 점유율은
더 커질 겁니다. 그리고 기기를 파는 이익보다 훨씬 큰 이익을 누립니다.
이렇듯 감각과 감정은 현상과 표피의 반응을 쉽게 끌어낼 수 있지만—
거기에 우리의 기술이 결합되어 좋은 결실을 거둔 것도 사실이지만—
그런 상황은 늘 불안하기만 합니다.

우리에게는 풍부한 감각과 감정언어가 있습니다. 이것들은 사실 매우
좋은 자산입니다. 그리고 아직 제대로 활용하지 않은 자산도 있습니다.
개념어나 관념어로 상징되는 사고언어지요. 만약 이것들을 일상적으로
사용하고 체질화할 수 있다면, 그래서 감각언어와 사고언어의 멋진 결합
을 이뤄낼 수 있다면, 우리는 정말이지 엄청난 시너지 효과synergy效果를
낼 수 있을 겁니다. 바탕과 겉모습 모두에서 뛰어난 결실을 거두게 되는
것이지요. 그러니 의식적으로라도 숨겨진 자산인 사고언어를 일상화할
수 있도록 훈련해야 합니다.

주로 '듣는' 행위로 수행되고 소비되는 감각언어나 감정언어는 이해하
기 쉽습니다. 듣는 것은 나의 직접적인 감각(청각)을 이용하므로 일방적
이고 즉각적입니다. '이 소리는 듣고 저 소리는 걸러야지' 하는 게 아니
라는 뜻입니다. 게다가 다른 여러 감각이 동원되는 경우가 많으므로 의
미를 이해하기도 쉽습니다. 그러나 관념어나 개념어는 청각에만 의존해
서 수용하기 어렵습니다. '생각할 시간'이 필요하다는 뜻인데요. 이렇듯
수용이 매우 제한적이다 보니 언어를 제대로 이해하고 확장할 수 없게

됩니다. 대충 짐작하거나 앞뒤 맥락을 짚어서 이해하는 경우가 점점 많아지고, 그러다 보면 사용 자체를 회피하게 되고, 결국 '내 사유'로 나아가는 데 실패하면서 '창조'가 불가능한 상태에 머물게 됩니다.

이제 두 부류의 언어가 '어떻게' 융합해야 하는지 살펴볼게요. 우선 이 둘은 떨어져 있으면 안 됩니다. 어떤 식으로든 함께해야 합니다. 서로 익숙해져야 해요. '감각언어 따로 사고언어 따로'인 생활이 오래 지속되다 보면 교감은커녕 각각의 언어 세계에 갇힌 사람들이 서로 자기 방식만 옳다고 주장하게 되고, 그러면 소통의 길은 아예 막혀버리겠지요. 소통이 막히면 기적은 결코 일어나지 않습니다. 그다음, '따로 또 같이'로 거듭나야 합니다. 감각언어와 사고언어가 '타이밍'을 놓치지 않고 결합하면 일종의 빅뱅이 일어납니다.

예를 들어봅시다. 지금 어른인 세대는 주로 지식과 정보 습득을 배경으로 성장했습니다. 개념어나 관념어에 익숙하지요. 대신 표현에 서툽니다. 감각언어 활용이 대단히 빈약해요. 아는 단어는 엄청 많은데 실제로 구사하거나 교환하는 건 의외로 단순합니다. 반면 아이들은 컬러풀한 영상으로 훈련된 뇌의 소유자들답게 감각언어 사용 능력이 매우 뛰어난데요. 기발하다는 점에서는 그렇지만 정작 사용하는 감각언어의 폭은 좁습니다. 그리고 사유와 개념의 언어 활용에 취약해요. 만일 서로 다른 능력을 가진 두 세대가 힘을 합친다면 어떻게 될까요? 그 아름다운 콜라보의 예가 우리 주위에 있습니다. 바로 세계적 명성을 얻고 있는 방탄소년단(BTS)입니다. 기획사의 대표는 어른이에요. 가수들은 청년들이죠(물론 아이 세대는 아니지만 두 세대의 융합이라는 점에서 생각해볼 만합니다). 음악의 골격과 방향은 어른이 잡아주지만 내용은 청년들이 채웁니다. 그들은 자기 세대의 고민과 희망을 자신들의 음악과 언어로 표현합니다. 물론 그걸 위해서 공부를 많이 했다는 흔적도 보여요. 노랫말을 유심히 살펴보면 그렇습니다. 전 세계의 아미들이 방탄소년단의 음악에 환호하는 건 멋진 음악과 '칼군무' 때문만은 아닐 겁니다. 자신들의 고민과 희망을 대변하는 내용에 감동하는 점이 더 크지요. 〈페르소나〉라는 노래의 내용에 도움을 준 책이 무엇인지 아세요? 바로 『영혼의 지도Map of Soul』입니다. 이 책은 칼 융Carl Gustav Jung, 1875~1961 해석의 권위자인 머레이 스타인Murray W. Stein 박사가 썼지만 그 책을 읽으면서 청년들이 자신들의 정체성의 근본적 문제에 대해 고민하고 그들의 언어와 음악으로 풀어냈음을 알 수 있습니다. 이 또한 노학자와 젊은 뮤지션의 콜라보라고 할 수 있지요. 이렇게 어른과 젊은 세대 그리고 아이들이 협업해서 놀라운 결과를 이뤄내는 사례는 엄청나게 많습니다. 그리고 거기에는 '두 영역의 언어'가 융합되어 있음을 알 수 있지요.

　언어의 융합 능력을 키우는 것은 언어사춘기를 지날 때 간과해서는 안 될 매우 중요한 영역입니다. 다양한 언어가 적절하게 사용되고 융합하면서 사고와 감각 그리고 감정의 영역이 확장되고 결합되는 힘은 평생 중요한 역할을 하게 되지요. 이 시기에 그런 경험이 없으면 앞으로 그런 힘을 키우기 어렵습니다. 흔히 '공부에 때가 있다'고 하지만 '언어에도 때가 있다'는 게 어쩌면 더 정확한 표현이고 중요한 사안인지도 모르겠습니다. 언어의 융합 능력이 커지면 사고의 융합 능력도 저절로 키울 수 있고 더 나아가 새롭고 뛰어난 결실을 얻어낼 수 있다는 점을 기억해야 합니다.

그러므로 어른들은, 아이들이 일상에서 두 영역의 언어를 균형 있게 사용하도록 도와야 합니다. 건강한 언어 환경을 조성하고, 언어의 다양성을 지키기 위해 함께 노력하고 지원해야 합니다. 언어의 영토가 커질수록 삶의 영토가 커지고, 미래의 가치와 일의 내용도 좋아질 테니까요. 그렇다면 어떻게 해야 아이들이 언어의 영토를 확장하는 데 도움을 줄수 있을까요?

뜻을 알아야 맛을 알지

저는 지금도 구름을 보면 일종의 '지적知的 트라우마'에 빠집니다. 무슨 말이냐고요? 초등학교 시절 '자연 시간'이었습니다. '구름'에 대해 배우는 일종의 지구과학 수업이었지요. 그런데 저는 구름의 이름과 모양을 외우기가 너무 힘들었습니다. 적운, 층적운 어쩌고 하는 낯설고 이상한 낱말들이 쭉 나열되어 있었거든요. 새털구름, 양털구름은 또 어떻고요? 아는 거라곤 뭉게구름뿐인데…. 그나저나 그냥 구름이라고 하면 될 것을 왜 그리도 복잡한 이름으로 불러야 하는지 도무지 알 수 없었지요. 종류도 많고 이름도 어렵고 정말이지 머리에 지진이 날 지경이었습니다. 그런데 좀 더 자라 한자의 뜻으로 짚어보니까 이해하기가 좀 쉬워졌습니다. '적운積雲'은 문자 그대로 '떼 지어 모인 구름' 즉 뭉게구름이었고, '층적운層積雲'은 '층층이 쌓인 커다란 구름덩어리'로 비가 오기 전에 볼 수 있는 회색구름이었습니다.

국어시간에 대한 기억도 크게 다르지 않아요. 우선 조사助辭의 이름들이 그랬습니다. 저를 비롯한 대다수 학생들은 국어 문법시간을 끔찍이 싫어했습니다. 이미 잘 구사하는 말인데 이걸 문법적으로 분석하고 따지다 보니 아는 것도 헷갈리기 일쑤였어요. 조사의 이름도 참 다양했습니다. 주격조사, 목적격조사, 관형격조사 정도는 그래도 자주 쓰는 거니까 어찌어찌 공부하다 보면 고개를 끄덕이게 됐지만, 처소격조사處所格助詞, 향진격조사向進格助詞, 유래격조사由來格助詞, 원인격조사原因格助詞, 향발격조사向發格助詞 등은 이름을 듣는 것마저 괴로웠습니다. 사실 한자의 뜻만 제대로 알면 별것 아니었을 텐데, 학교에서는 무조건 외국어 공부하듯 명칭을 외우게 했으니 다들 학을 뗄 수밖에 없었지요.

물론 한자말에도 장점이 있습니다. 다양한 표상과 의미를 하나의 범주로 묶어 이해하고 관리하는 데 효율적이라는 점인데요. 학술적 용어로 그런 낱말들을 사용하는 것도 이 같은 배경 때문입니다. 그러나 어린 학생들에게는 교과서에 등장하는 한자말이 어렵기만 합니다. 글자 자체도 복잡하고, 한 글자 안에 여러 의미를 포함하는 특성도 쉽게 이해되지 않습니다. 우리도 어린 시절 그런 말들을 접했을 때 당혹스러웠잖아요? 만약 그때 선생님(부모님)이 한자어를 모국어와 다른 새로운 언어의 측면에서 이해할 수 있게끔 충분한 도움을 주었더라면 어땠을까요? 한 글자 한 글자 짚어주며 뜻을 알려주었더라면 어땠을까요? 아마 불필요한 에너지를 낭비할 일도 없었을 테고, 한참 뒤에야 뜻을 제대로 이해하는 뒷북치기의 경험도 생략되었을 겁니다.

연세대학교 본관을 마주보고 오른편 언덕길을 따라 오르다 보면 '청송대'라는 곳이 있습니다. 수필가였고 연희전문학교 교수였던 이양하 선생은 그 길을 사랑했던 사람입니다. 그곳은 선생의 「신록예찬」에서도 언급되었던 숲길입니다.

> 오늘도 하늘은 더할 나위 없이 맑고, 우리 연전(延專) 일대를 덮은 신록은 어제보다도 한층 더 깨끗하고 신선하고 생기 있는 듯하다. 나는 오늘도 나의 문법 시간이 끝나자, 큰 무거운 짐이나 벗어놓은 듯이 옷을 훌훌 털며, 본관 서쪽 숲 사이에 있는 나의 자리를 찾아 올라간다. 나의 자리래야 솔밭 사이에 있는, 겨우 걸터앉을 만한 조그만 소나무 그루터기에 지나지 못하지마는 오고 가는 여러 동료가 나의 자리라고 명명(命名)하여 주고, 또 나 자신도 하루 동안에 가장 기쁜 시간을 이 자리에서 가질 수 있으므로, 시간의 여유가 있을 때마다 나는 한 특권이나 차지하는 듯이 이 자리를 찾아 올라와 앉아있기를 좋아한다.[*]

'청송대'라고 하니 대부분의 사람들은—심지어 연세대학교 학생들 가운데도 제법 많은 학생들이— 그것이 '푸를 청靑'과 '소나무 송松'으로 된

---

[*] 『신록예찬』, 이양하, 범우사, 2001.(원래는 1947년 을유문화사에서 간행된 『이양하수필집』에 수록되었으나 서점에서 구입하려면 범우사에서 펴낸 책이 쉽고 편할 것이다.)

글자라고 짐작합니다. 흔히 '청송'이라고 하면, 대개 그런 뜻으로 쓰이니까요. 그리고 이런 생각을 합니다. '아, 여기 소나무들이 참 아름답고 푸르구나.' '역시 소나무는 늘푸른나무로 당당하고 의연해.' 그러나 '청송대'의 청은 '푸를 청'이 아니라 '들을 청聽'입니다. 이것을 제대로 '읽은' 사람들은 그 솔밭길에서 어떻게 반응할까요? 소나무의 '소리'를 들을 겁니다. 소나무와 솔밭이 건네는 소리, 소나무 사이로 부는 바람의 소리, 그 바람이 싣고 온 다른 동네와 골짜기의 소식을 듣겠지요. '귀'를 열고 소나무숲길을 걷는 사람만이 누릴 수 있는 특권이자 혜택을 누리게 되겠지요.

애완견(애완묘)과 반려견(반려묘)의 경우를 봅시다. 어른들은 그게 무슨 뜻이고 왜 명칭이 바뀌었는지 대충 압니다. 하지만 아이들의 경우는 다릅니다. 실제로 초등학교 1학년 아이에게 물었더니 대답이 걸작이었어요. '애완견은 낮춤말이고 반려견은 높임말'이라고 답하는 아이도 있었고, '애완견은 마당에서 키우는 개고 반려견은 집 안에서 키우는 개'라는 나름대로 구분 짓는 아이도 있었습니다. '애완견은 구식 이름이고 반려견은 신식 이름'이라는 설명이 나왔는가 하면, '애완견은 영어 이름(해피나 메리처럼)을 가진 개고 반려견은 한글 이름('감자'나 '아롱이', 혹은 '공실이'처럼 사람 이름 비슷한)을 가진 개'라는 그럴 듯한(?) 설명도 있었습니다. 그중에서 가장 기억나는 대답은 바로 이거였어요. "그냥 집에서 키우는 개라는 느낌이면 애완견이고, 내 동생이라고 느끼면 반려견이에요." 아이들의 상상력은 이처럼 끝이 없습니다.

애완견을 한자로 쓰면 '愛玩犬'입니다. '사랑 애', '귀여울 완 혹은 희롱할 완', '개 견'이 합쳐진 이름이에요. '좋아하여 가까이 두고 귀여워하며 기르는 개'라는 뜻으로, 사랑스럽고 장난감처럼 귀엽고 즐거운 개입니다. 부속적인 존재물입니다. '예쁘고 귀엽고 사랑스러운 동물'이죠. 가축보다는 훨씬 인간에게 친숙한 존재의 느낌입니다. 그래도 가족이라는 느낌은 들지 않아요. 개를 키우지 않는 사람이거나 예전 식으로 개를 기르는 데 익숙한 어르신들은 요즘 견주들이 개한테 '엄마'니 '아빠'니 하는 걸 보고 질겁하는 등 과민하게 반응하거나 비난하기도 합니다. 개를 아주 사랑하는 사람들은 가족의 일부로 받아들였지만 일반적 사고로는 용납하기 어려웠기 때문인데요. 가족은 많고 방은 부족한 시절, 한 방에서 여러 형제나 자매가 함께 지냈던 때에 개는 그저 '집에서 기르는', '가축과는 다른' 사랑스러운 동물일 뿐이었습니다.

그러나 핵가족을 넘어 독신세대가 늘고 가족 수도 크게 줄어든 현실이 되자 상황이 변했습니다. 결혼한 대부분의 부부도 아이를 둘 혹은 하나만 낳을 뿐이고 가족은 각자의 방에 삽니다. 아이들이 같은 학교를 다녀도 서로 학원이 다르거나 교실이 달라서 함께할 수 있는 기회도 크게 줄었습니다. 뭔가 허전하고 스킨십도 부족합니다. 그 부족한 부분을 개나 고양이가 채워줍니다. 개도 고양이도 이제 더는 애완동물이 아닙니다. 가족의 일원이 되었지요. 그래서 명칭도 반려견(묘)으로 바뀐 것입니다. '짝이 되는 동무 혹은 동반자'라는 뜻으로 말이에요. 비로소 가족이 된 것이지요. 이처럼 어떤 낱말의 뜻이 바뀌거나 새롭게 의미를 부여

하는 과정이 우리 삶의 변화를 보여주기도 합니다. 명칭의 변화는 곧 세상의 변화를 반영하니까요.

뜻을 제대로 파악하고 그 뜻이 품고 있는 속살이 무엇인지를 읽어낼 수 있는 힘은 추론의 능력이나 상상력의 강화에 크게 도움이 됩니다. 우리가, 그리고 우리 아이들이 글을 단순히 정보와 의사를 교환하고 습득하는 수단이 아니라 그 너머의 것까지 읽어내야 하는 이유는 대단히 많습니다. 그냥 쓰다 보면 나중에 그 뜻을 제대로 알게 되는 경우도 물론 있지만, 처음부터 그 뜻을, 혹은 그 뜻의 변화를 제대로 알고 쓰면 단순히 한 낱말의 문자적 의미 이상을 읽어내는 능력이 커집니다. 아이들과 함께 읽고 이야기를 나누고 토론하면서 그런 멋진 능력을 키워보면 어떨까요?

단어를 '만져보게' 하라

아이들에게 낱말을 '만져보게' 하면 이해력과 공감능력, 그리고 상상력이 크게 향상됩니다. 만져본다는 게 꼭 촉감을 말하는 건 아닙니다. 예를 들어볼까요? 소나무와 너도밤나무가 있습니다. 소나무는 우리 주변에서 쉽게 발견할 수 있습니다. 그래서 '소나무'라고 하면 그 문자적 기호가 지칭하는 대상을 즉각적으로 시각화할 수 있어요.[*] 그러나 '너도밤나무'도 그런가요? 아이들뿐 아니라 어른들도 익숙하지 않은 이름입니다. 어쩌다 만나게 되어도 그냥 스쳐지나가요. 나무와 그 나무의 이름이

---

[*] 어떤 낱말을 '배운다'는 것은 글자라는 기호의 조합과 그것이 지칭하는 대상과의 관계를 일관되게 유지할 수 있는 방식을 익히는 과정이다. '나무'라는 낱말은 나무라는 문자의 기호와 나무라는 대상을 연결시켜 확인하고, 그 낱말이 유사한 대상을 지칭하는 경우에 '맞다' 혹은 '유의미하다'라고 평가하는 과정을 거쳐 인식된다. 처음에는 하나의 낱말과 그 낱말이 지칭하는 구체적인 대상(사태)를 하나하나 따지고 연결하면서 확인하지만 나중에는 기호와 기호만 연결해도 얼마든지 습득할 수 있다.

일치하지 않기 때문입니다. '너도밤나무'가 '그냥 나무'가 되는 거예요.

한국인이 좋아하는 시 가운데 하나인 김춘수의 「꽃」에 이런 구절이 나옵니다.

> 내가 그의 이름을 불러 주기 전에는
> 그는 다만
> 하나의 몸짓에 지나지 않았다.
> 내가 그의 이름을 불러 주었을 때,
> 그는 나에게로 와서
> 꽃이 되었다.

'이름'을 안다는 것은 이처럼 단순히 문자적 기호와 대상의 일치만을 의미하지 않습니다. 그것은 관계를 맺는 것입니다. 그런데 반드시 관계의 주체와 대상을 내가 감각할 수 있을 때 의미가 제대로 정립됩니다. 주체인 나는 감각할 수 있는데 대상은 감각하지 못한다면 기호로서만 저장될 뿐, 그 기호는 내 안에서 아무런 작용도 일으키지 않습니다. 심지어 그것과 연결되어 새롭고 매력적인 의미를 만들어낼 수 있는 게 주어져도 아무런 작용도 생기지 않습니다. '너도밤나무'가 누군가에게는 그저 문자적 기호일 뿐인 것처럼 말이지요.

속초와 동해라는 지명을 생각해봅시다. 속초는 그 자체로는 아무런 의미도 찾아낼 수 없는 완벽한 기호에 불과합니다. 우리나라의 지명은 대부분 어떤 자연적 조건을 나타낸 이름들이 많습니다. 예를 들어 수원水原이라는 지명에는 물과 들판이라는 정보가 담겼고, 마포麻浦라는 지명에는 산물[마麻]과 나루라는 정보가 담겨 있습니다. 하지만 속초束草라는 지명에는 풀草이라는 특정하기 어려운 정보만 있을 뿐 구체적인 게 없습니다. 동해東海라는 지명에는 동쪽이라는 방향과 바다라는 정보가 담겨 있습니다.

'속초'를 기호로만 알고 있을 때 그곳은 내게 어떤 의미도 주지 않습니다. 그런데 지도를 펼쳐서 속초의 위치를 찾아보고 동해에 있는 도시라는 걸 알면 적어도 그 도시에 대한 의미가 새로 형성됩니다. 비로소 내가 '속초'를 '만져보는' 겁니다. 이렇게 가까워진 속초를 더 세밀하게 만져보려면 직접 가보아야 합니다. 휴가 때 속초에 가서 설악산도 보고 동해바다에 몸도 담가보고 맛있는 매운탕을 먹으며 '만져본' 속초는 책에서 본 속초, 기호로만 알고 있는 속초와 그 느낌과 의미가 전혀 다를 겁니다. 즉, 우리가 어떤 단어나 낱말을 '만진다'는 것은 '손을 대어 여기저기 주무르거나 쥐다'라는 사전적 정의처럼 그 대상과 직접적인 관계를 형성함을 뜻합니다.

그렇다면 어떻게 '언어를 만질 수' 있을까요? 언어는 손으로 만질 수 있는 게 아니지요. 언어는 '머리와 가슴으로' 만지는 겁니다. 예를 들어 '살갑다'는 낱말은 단순하게 국어사전의 풀이로만 받아들이는 게 아니라 그 말이 지닌 독특하고 다양한 느낌과 감각을 수반합니다. 그런 것들을 불러내 그 낱말을 '만져볼 수' 있습니다. '용기'라는 말의 경우를 살펴봅시다. 하나의 뜻만 있는 게 아니지요. '용감한 기운'이라는 뜻과 더불어 '담는 그릇'의 뜻도 있습니다. 하나의 낱말이 둘 이상의 뜻을 담고 있을 때 그 말이 사용된 문장과 맥락을 통해 짚어보는 것도 일종의 '만지는 행위'입니다. '언어를 만진다'는 것은 단순한 의미의 파악에만 그치는 게 아니라 그 말이 지닌 다양한 맥락과 의미의 결합 그리고 관계까지 두루 살펴보는 것이지요. '빨갛다'는 말의 의미는 'red'입니다. 그러나 그 말이 사용되는 상황과 맥락에 따라 느낌과 뜻 그리고 감정은 매우 다양하게 갈라집니다. 그렇게 '만져봄'으로써 언어의 다양성을 충분하게 경험할 수 있습니다.

사물의 이름도 마찬가지입니다. '카메라'라는 낱말을 만져봅시다. 어른들이 그 낱말을 만지는 건 세밀합니다. 몸체와 렌즈의 두 부분으로 나누고 각각의 기능과 역할을 연결합니다. 물리적 재질에 대해 만져봅니다. 그건 말 그대로 촉각이기도 합니다. 뷰파인더에 눈을 대보며 그냥 눈으로 보는 것과 카메라 앵글을 통해 바라보는 게 어떻게 다른지도 느껴봅니다. 시각입니다. 카메라의 가격도 느껴봅니다. 경제적으로 만져보게 됩니다. 그러나 아이들은 아직 카메라를 그렇게 만져보지 못합니다. 자기는 그것을 소유하지 못하고 어른들의 것이니 선망의 감정으로 만져봅니다. 혹은 카메라가 담아낸 풍경을 연상하며 만져봅니다. 그러면서 카메라를 그냥 하나의 물건으로 바라보는 감각 이상을 느끼거나 상상하게 됩니다.

'만져보기'가 명사에만 해당되는 건 아닙니다. 동사, 관형사, 부사 등 모든 낱말에서 가능합니다. 가능한 한 낱말을 '만지게' 하세요. 그걸 도와주는 게 교육이고, 부모의 역할입니다. 생물도감과 지리부도 등을 집에 두고 새로운 지역이나 동식물 등에 대한 지식을 만나게 될 때마다 함께 그 책에서 최소한 '시각적으로'나마 만져보게 합니다. 지도는 공간을 만져보는 그림이고, 생물도감은 동식물들을 만져보는 그림입니다. 그 그림과 기호의 간격을 좁히게 하는 것이 바로 낱말을 '만지는' 행위의 한 가지 방식입니다. 그렇게 만지는 힘은 단순히 지명이나 생물에 그치는 게 아니라 개념과 관념까지 확대될 수 있습니다. 물론 언젠가는 엄청난 힘을 발휘하게 될 테고요.

칼자루를 쥐어야 끌려가지 않는다

말은 그것을 사용하는 사람에게 작용합니다. 말을 쓰지 않으면 '죽은 말' 즉 사어死語가 됩니다. '괴다'라는 낱말을 말하면 거의 모든 사람들은 '기울어지거나 쓰러지지 않도록 아래를 받쳐 안정시키는 행위'를 떠올립니다. '턱을 괴다'라는 경우처럼 말입니다. 하지만 '괴다'라는 말에는 '의식이나 잔칫상에 쓰는 음식이나 장작, 꼴 따위를 차곡차곡 쌓아 올리다'라는 뜻도 있습니다. '제사상에 과일과 고기를 괴다'라는 표현에서 쓰입니다. 그러나 일상에서 거의 쓰지 않고 제사를 지내지 않는 집도 많아서 '소멸 중인' 낱말이 되었습니다. '웃어른의 직함을 받들어 쓴다'라는 뜻의 '괴다'는 아예 듣기도 어렵습니다. 공식적으로는 죽은 말이 되지 않았지만 현실적으로는 죽은 말과 다름없습니다. 그런데 아예 쓰지 않는, 그래서 결국은 죽은 말이 된 '괴다'의 뜻, 즉 고어에서 그 말의 뜻은 '특별히 귀여워하고 사랑하다'입니다. 말이란 쓰지 않으면 소멸하는 법이고 새로운 용도가 생기면 새로운 말이 생성되는 겁니다.

사라져가는 것을 억지로 막을 수는 없습니다. 사라지는 데에도 다 이유가 있으니까요. 하지만 아직 사라지지 않은 것을 잘 활용하면 오히려 그것을 통해 더 많은 것을 얻어낼 수도 있습니다. 예를 하나 들어볼게요. 러시아 문학 작품을 읽을 때 가장 곤혹스러운 게 뭐죠? 사람 이름입니다. 너무 다양하고 복잡해서 자주 헷갈립니다. 러시아 문학 작품을 보면 등장인물에 대한 소개가 거의 '일러두기' 수준으로 첨부되곤 하는데요. 그 인물들의 '이름'이란 게 너무 길고 복잡합니다. 게다가 읽다 보면 이 이름 썼다 저 이름 썼다 하는 통에 도대체 누가 누구인지 헷갈리기 일쑤입니다. 처음으로 돌아가서 이름을 확인한 후 제자리로 돌아가는 일이 다반사죠. 이렇게 초반에 질려버리면 끝까지 읽고 싶은 마음이 사라지기도 합니다.

그러나 생각을 달리해보면 우리나라 사람들이야말로 러시아 문학을 이해하기에 가장 최적화된 환경을 갖고 있음을 알게 됩니다. 기질의 문제가 아니에요. 사회구조적으로 이해할 수 있는 조건을 갖고 있다는 뜻입니다. 러시아 소설에서 이름이 다양하게 표현되는 것은 어떤 이름으로 지칭되느냐에 따라 그 맥락과 상황이 드러나기 때문입니다. 이 점에 주목해봅시다. 아무런 일관성도 없이 이랬다저랬다 이름을 바꾸는 게 아닙니다. 러시아 사람들 이름에는 복잡한 가계도가 들어 있습니다. 이름, 부칭, 세례명, 성 등이 있을 뿐 아니라 애칭, 별명 등 다양하고 복잡합니다. 그런데 유심히 보면 사용하는 이름에 따라 맥락과 관계가 달라지는 것을 알 수 있습니다.

그런데 우리에게도 그런 다양한 이름과 호칭이 사용되었던 시대가 있었습니다. 이러한 사실을 우리는 역사책이나 문학작품 등에서 심심치 않게 확인할 수 있는데요. 한번 살펴볼까요?

우선 기본적으로 성명姓名이 있습니다. 이름과 성이지요. 그다음, 자字와 호號가 있습니다. 옛사람들은 이름을 신성하게 여겨서 이름을 부르는 것이 예에 어긋난다고 여겼습니다. 가능하면 이름을 직접 부르지 않았지요. 그걸 기휘忌諱라고 불렀습니다. 심지어 임금의 이름에 들어간 글자는 일반 백성이 사용할 수 없었습니다.* 그러니까 이름을 부른다는 것은 예를 지키지 않아도 되는 역학관계라는 뜻이겠지요? 자字는 관례를 올린 뒤에 이름 대신 썼습니다. 그 이전에는 아명兒名도 있었습니다. 호號는 자字보다 자유롭게 지었는데, 그 사람의 성격이나 특징, 취미, 거주지, 인생관 등을 주로 반영했습니다. 역사상 이름보다 호로 더 잘 알려진 인물도 많지요. 그 뿐이 아닙니다. 조정에 출사하면 관직으로 불렀고, 과거에 합격하고 출사하지 않으면 시험의 단계(생원, 진사 등)로 불렀습니다. 생전에 임금이 내리는 봉호封號도 있고, 사후에 내리는 시호諡號도 있습니다.

이렇듯 한 사람을 지칭하는 이름은 그의 개인적 및 사회적 위치와 관

---

* 그래서 조선시대 임금들의 이름은 '의식적으로' 잘 쓰지 않는 한자를 골라 썼다. 정조의 이름인 '산(祘)'이나 세종의 이름인 '도(祹)' 등은 옥편에서도 쉽게 찾을 수 있는 한자어가 아니다. 거기에는 일종의 애민(愛民)의 정신이 담겼다고 할 수 있다.

계에 따라 달라질 수 있는데요. 우리가 과거에 쓰인 다양한 명칭들을 통해 '이름이 드러내는 역학관계'를 이해한다는 것은 곧 한국인들이 다른 나라 사람들보다 러시아문학과 그 호칭의 관계성을 훨씬 더 잘 수용할 수 있다는 것을 의미합니다. 그러니까 낱말이나 이름이 낯설고 어색하다고 무조건 회피할 게 아니라 이에 대한 특징이나 본질을 제대로 파악하려 노력해야 합니다. 그러면 오히려 내 쪽에서 주도권을 쥐고 능동적으로 대응할 수 있어요.

말이란 쓰지 않으면 멀어지고 사라집니다. 그러나 모든 사람이 쓰지 않아서 소멸되는 게 아니라 '쓰지 않는 누군가'에게서만 사라질 뿐입니다. 나에게는 '없는' 언어가 다른 데서는 잘 쓰이고 여전히 살아서 작동하고 있다면 정말 심각한 문제가 아닐 수 없습니다. 그러므로 부모님이나 교사들은 아이들이 낱말이든 문장이든 언어활동에 대해 주체적으로 대응하도록 가르쳐야 합니다. 칼자루를 쥐지 않으면 칼날을 쥘 수밖에 없고, 그러면 끌려가는 삶을 '당할' 수밖에 없으니까요.

내 안에서 일어나는 모든 것을 언어로 표현하라

우리의 몸과 마음은 다양한 반응을 경험합니다. 무의식적인 반응도 있고, 의식적인 것도 있어요. 그런데 놀랍게도 이 반응들을 정확한 언어로 표현하는 게 생각보다 쉽지 않습니다. 모든 반응이 언어로 수신되고 송신된다는 점을 감안할 때, 이를 제대로 서술하지 못하면 정확한 인식과 사후처리가 불가능하게 될 텐데요. 흔히 소아과와 수의과에는 비슷한 애로사항이 있다는 우스갯말이 돕니다. 아이도 동물도 자기가 어디가 어떻게 아픈지 정확하게 설명하지 못한다는 것이지요. 아픈 건 분명한데, 그래서 고통스러운데, 그걸 언어로 정확하게 표현하지 못하니 말입니다. 물론 아이들이나 동물만 그런 것도 아니에요. 청소년이나 어른들 가운데도 본인이 어디가 어떻게 불편하거나 아픈지 제대로 말하지 못하는 사람이 있습니다. 의외로 많아요. 자기 마음이나 몸에서 일어나는 현상을 설명하는 데 익숙하지 않기 때문입니다.

모든 것—지각, 감각, 감정 등—은 언어로 파악됩니다. 몸짓이나 신체 시그널을 사용하는 경우도 물론 있지만 대부분의 표현과 인식은 언어를 매개로 이루어집니다. 제가 내 안에서 일어나고 있는 모든 것을 언어로 표현하는 법을 가르쳐야 한다고 주장하는 배경인데요. 그렇다면, 내 안에서 일어나는 모든 것을 언어로 정확하게 표현하려면, 어떤 훈련을 해야 할까요?

일차적으로 몸에 나타나는 여러 반응을 언어로 표현해봅니다. 감각의 언어들 혹은 감각을 담은 개념어들의 목록을 만들 수 있겠지요. 그 언어의 갈래가 많으면 많을수록 좋습니다. 그 언어의 갈래와 미묘한 차이만큼 내가 지각하고 감각하는 대상과 반응, 그리고 현상의 차이를 알게 되니까요. 예를 들어 통증의 경우를 봅시다. '아프다'라는 건 매우 포괄적인 표현이지만, 일단 '아프다'로 시작합니다. 그다음은 아픈 부위, 즉 '어디'가 아픈지 표현합니다. 나이가 어릴수록 아픈 부위를 제대로 식별하지 못하는데요. '아프다'는 감각이 너무나 포괄적이라 그렇습니다. 아이가 의사 표현을 제대로 못하는 경우라면 몸의 '어디'가 아픈지 구체적으로 짚어보라고 하세요. 그런 다음 통증의 '방식'을 설명하게 합니다. 찌르는 것 같은 느낌인지, 맞는 것 같은 느낌인지 가급적 단순한 느낌으로 표현하라고 하세요. 자, 이제부터는 그 느낌을 조금씩 세분합니다. '뾰족한 샤프심에 찔리는 느낌' 혹은 '손바닥으로 맞는 느낌'처럼 조금 더 구체적으로 표현하는 겁니다. 다행히 우리말에는 그런 표현의 갈래가 매우 다양합니다. 예를 들어 '아리다', '쓰리다', '뻐근하다', '쑤신다' 등 다양한 통증의 표현 언어들이 있습니다. 그런 점에서 우리는 언어와 감각의 상관관계가 풍부합니다. 그런 것들이 모두 장점이 되고 자산이 될 수 있습니다.

자, 어쨌건 일단은 조금씩 세분하면서 표현해봅니다. 몸 안에서 일어나는 다양한 현상을 스스로 언어로 표현하는 훈련은 내가 몸의 주체가 되어 인식하고 반응하고 행동하는 방식을 찾아가도록 이끌어줍니다. 이때 어른들의 도움이 필요한 것이지요. 아이들이 이렇게 몸의 감각과 증세를 세밀하게 언어로 표상할 수 있는 능력이 생기면 자신의 몸에 대한 전체적인 인식과 총체적 맥락을 논리적이고 일관된 방식으로 관찰하고 반응할 수 있는 힘도 키울 수 있습니다.

아프다	배가	찌르는 것처럼	샤프심으로	아파서
	귀가		찌르는 것처럼	눈물이 나요
	입안이			
	손가락이	맞는 것처럼	손바닥으로	아파서
	머리가		맞는 것처럼	화가 나요
	...			

몸—겉으로의 내 몸이든 안으로의 내 몸이든—에 나타나는 여러 반응은 대응의 대상이 명료하므로 훈련을 쌓다 보면 직관적인 표현이 가능한데요. 비신체적 요소의 경우엔 훨씬 큰 어려움이 따릅니다.[*] 따라서 정신적이거나 정서적인 반응을 다룰 때는 좀 더 세밀하고 명료하게 표현해보도록 도와야 합니다. 게다가 아이들은 아직 그런 언어에 대한 자극이나 필요성을 크게 느낄 일이 없었기에 설명하기가 더 어렵습니다. 그러나 이 과정을 통해 아이들은 자신의 몸과 정신이 언어에 의해 지각되며, 언어로 통제할 수도 있다는 것을 차츰 깨닫게 될 것입니다. 그리고 이렇게 언어로 표현하는 연습을 통해 내면의 현상을 객관적으로 인식하는 능력을 강화하게 되고 마침내 생각의 텃밭과 언어의 영토를 넓혀가게 될 것입니다.

---

[*] 신체적 요소들은 1:1로 대응할 수 있는 대상이 분명하기 때문에 그 대상과 그것이 반응하는 내용을 명확하게 인지할 수 있지만, 비신체적 요소들은 그 대상이 물리적이지 않아서 명료한 실체 파악이 상대적으로 어렵다.

언어의 품격이 사람을 만든다

"당신이 먹은 음식을 이야기해라, 그러면 나는 당신이 어떤 사람인지 설명해줄 수 있다"는 말이 있습니다. 독일 속담이라는 말도 있고, 프랑스혁명 당시 어떤 유명한 미식가가 한 말이라는 이야기도 있습니다. 이 말을 조금 바꾸면 이렇게 할 수 있을 겁니다. "당신이 쓰는 낱말, 어휘를 풀어봐라. 그러면 당신이 무엇을 하는 사람인지 내가 알아맞힐 수 있다." 정말 그럴까요?

흔히 어떤 사람을 만나서 이야기를 나눠보면 5분 안에 그 사람의 품성, 인성, 지성 등을 대충 파악할 수 있다고 합니다. 속된 말로 '견적'을 낼 수 있다고 하죠. 대체 무엇을 보고 그 짧은 시간에 사람을 파악할 수 있는 걸까요? 물론 뛰어난 직관력 덕분일 겁니다. 하지만 직관력이 좀 부족하다 해도 그가 하는 '말'을 들어보면 대충 알 수 있다고 합니다. 말하는 사람이 구사하는 어휘에 관심을 기울여보면 그가 지닌 여러 요소들을 알 수 있다는 거죠. 물론 말만 잘하는 사람도 있기는 하지만 그건

'말재주'에 불과할 뿐 말이 갖는 힘을 갖추고 있는 것은 아닙니다.

어떤 사람이 하는 말을 들어보면 그가 얼마나 논리적인지 알 수 있고, 사용하는 어휘를 보면 사고와 문화의 수준이 어느 정도인지 알 수 있습니다. 게다가 말은 맞춤옷과 같아서 자신이 소화하지도 삶으로 발현하지도 못하는 말을 하면 금세 들통 납니다. 몸에 맞지 않는 옷을 억지로 껴입었다가 솔기를 터뜨리는 것과 마찬가지죠. 물론 아이들은 자신이 배운 언어를 온전하게 소화할 수 없어요. 말과 대상이 어긋나는 데도 반복해서 쓰고, 뜻을 오해해서 잘못 쓰거나, 잘난 척하고 싶은 마음에 맥락에 맞지 않는 엉뚱한 표현을 쓰기도 합니다. 그러나 이런 과정을 겪으면서 비로소 더 정확하고 적확한 언어를 습득하게 되고, 그러한 언어를 자신 있게 구사할 수 있을 만큼 성장하지요.

언어가 그 사람의 품격과 능력을 결정한다는 것을 아이들 역시 은연중 깨닫습니다. 친구들과의 단톡방 문자 주고받기나 대화에서, 가족과 이야기할 때, 혹은 선생님과 상담할 때 등등 상황에 따라 자신이 사용하는 말이 달라진다는 것을 차츰 느낍니다. 자신이 전달하려는 내용은 같아도 쓰는 단어가 달라진다는 것을 인지한 결과인데요. 이 말은 곧 아이들도 '지금 어떤 말(표현, 단어)을 써야 하는지', 그리고 어떤 언어가 '어른의 말'에 좀 더 가까운 것인지 알고 있다는 뜻입니다. 물론 처음부터 잘 실행될 리 없습니다. 부모님이나 선생님들의 도움이 필요한 부분이지요. 솔선수범하여 정확한 표현을 쓰고, 가능한 한 아이들도 그러한 언어를 자주 쓰도록 유도하거나 문답을 통해 자연스럽게 접촉하게 해주어야 합니다.

예를 들어, "아, 짜증나!"라고 아이가 말하면 무조건 "그런 식으로 말하지 마!" 하고 지적하는 대신 '짜증'이라는 감정이 무엇인지, 원인이 무엇인지, 그리고 인과관계는 정당한 것인지 물어보는 거죠. 조금 어렵겠지만, 아이는 아마도 자신의 경험과 상황을 설명하면서 자신이 짜증을 낸 이유를 설명할 겁니다. 이때 비난하는 태도를 보이면 안 됩니다. 아이가 보이는 반응의 정당성을 먼저 인정해주고, 그다음 '짜증'이라는 표현 대신 무슨 말을 쓸 수 있을지 묻거나 함께 이야기를 나눕니다. 아이는 나름대로 비슷한 감정을 나타내는 낱말들을 찾아 대답하겠지요. 그런데 여기서 무조건 좋은 말, 품격 있는 말을 가르치는 건 삼가야 합니다. 아이가 대답하는 여러 낱말들 중에서 가장 적당한 것을 고르세요. 그리고 '입장 바꿔 말하기'를 시도해봅니다. 누군가 '짜증'을 다른 말로 쓴다면 어떤 말이 듣기 좋을지 묻는 거죠. 그러면 같은 내용인데도 다른 낱말을 사용함으로써 반응도 달라진다는 것을 체험하게 됩니다.

짜증나	화나	하기 싫어서
	속상해	자존심이 상해서
	기분 나빠	귀찮아서
	…	…

이런 식의 경험과 훈련이 반복되면 아이들은 차츰 자신이 대답한 낱말들 가운데 뜻과 감정을 충분히 표현하면서도 자신과 상대의 기분을 불편하게 하지 않을 낱말을 선택하게 될 것입니다. 또 하나 중요한 것은 우리 인간은 때에 따라 격한 표현이나 거친 감정의 언어도 쓸 줄 알아야 한다는 점입니다. 그런 말을 통해 감정의 찌꺼기를 털어낼 수 있으니까요. 물론 이 같은 감정 배설 기능을 이용하는 데에도 훈련이 필요합니다. 일종의 '보호막 지키는 방법'을 배우는 것이지요. 만일 그대로 방치하면 아이들은 불편하거나 나쁜 감정이 들 때 이를 직접적이고 거칠게 배설하는 습관에 젖게 될 테니까요.

그러나 매사 이런 방법을 이용하여 언어 습관을 바꾸기는 어렵습니다. 비현실적일 뿐 아니라 아이들에게는 또 다른 방식의 억압이 될 수도 있으니까요. 하루에 한 문장 혹은 일주일에 한 문장씩 스스로 바꿀 수 있는 기회를 만들어주는 것으로 충분합니다. 한꺼번에 많은 것을 습득하도록 강요하거나 유도하면 역효과만 날 뿐입니다. 가능한 만큼, 아이와 함께하는 시간을 활용해서 놀이처럼 접근해보세요. 분명 아이들 스스로 보다 나은 표현을 선택할 수 있게 될 것입니다. 아이들이 언어의 적절한 선택을 통해 보다 나은 언어를 구사할 수 있게 되고, 그것이 축적되면, 자연스럽게 인성과 품격이 조금씩 성장하게 될 것입니다.

4장

역전 만루 홈런

_어떻게 삶을 설계하고
실행할 것인가?

좋은 책을 읽는다는 것은 과거의
가장 훌륭한 사람들과 대화하는 것이다.

– 데카르트

가즈아 서울 지하철 2호선 대학?

우리나라에서는 너 나 할 것 없이 입시에 매달릴 수밖에 없습니다. 교육에 목을 매다는 까닭은 분명해 보입니다. 상속세 걱정할 만큼 부유하지 못한 처지라면 오직 교육을 통해서만 자식들의 안정적인 앞날을 확보할 수밖에 없다고 여기는 것이지요. 어른들은 교육을 통해 신분의 이동이 가능한 세상을 봤습니다. 그러니 너도 나도 교육에 목을 맵니다. 다른 출구가 없으니까요. 사실 '다른 출구'가 없는 건 아닙니다. 그쪽을 아예 바라보지 못하거나 못 보게 막아서 그렇지요.

어른들은 첫 직업 혹은 직종이 중요한 세상에서 살았습니다. 좋은 대학 좋은 학과를 나오면 좋은 직업을 얻는다고 믿었고 그게 현실이었습니다. 첫 직장이 거의 변하지 않고 퇴직할 때까지 이어졌습니다. 그러니 첫 직장을 얻기 위해 좋은 대학에 진학하는 게 필수적이라 여길 수밖에 없었습니다. 그러나 지금은 어떻습니까? 물론 좋은 대학을 나오면 좋은 직업을 얻게 될 확률이 상대적으로 높긴 합니다. 하지만 그러면 뭐 하나요? 좋은 직장에 들어가도 보장되는 기간은 일단 10년쯤입니다. 죽어라 공부만 해서 좋은 대학 가서 좋은 직장 들어가도 안정된 삶을 누릴 수 있는 기간은 매우 짧다는 말입니다.

이미 1990년대 초반 프랑스의 미래학회에서는 당대의 아이들이 미래에는 적어도 6번 직업이 바뀔 것이라 예상했습니다. 교육도 그런 흐름과 변화에 맞춰서 변해야 한다는 것을 인식하기 시작했고요. 초등학교 때부터 자신의 삶을 어떻게 설계하고 계획할지, 단계별로 어떻게 수행할지, 순서가 바뀐다면 어떤 식으로 대처할지 등을 준비해야 한다고 역설했습니다. 미국의 경우를 볼까요? 1990년대 후반 하버드대학이 인문학 프로그램을 개설하자 타 대학은 물론 하버드 내에서도 시대착오적이라는 평가를 내놓으며 조롱했습니다. 그러나 당시 총장이던 드류 파우스트Drew Gilpin Faust는 그것이 하버드 대학 졸업생의 첫 번째 직업과 삶을 위한 것이 아니라 다섯 번째 혹은 여섯 번째 갖게 될 직업과 그때의 삶에 도움을 주기 위한 것이라고 당당하게 천명했습니다. 그 시절 이미 교육에 변화가 필요함을 인지하고 준비하기 시작한 것입니다.

불행히도 우리는 그런 미래 예측과 준비에 거의 무방비 상태입니다. 대학이 전부가 아니고, 입시가 모든 삶의 관문이 아닌데 말입니다. 좀 더 자세히 살펴보겠습니다. 부모님들이 자녀에게 공부하라고 닦달하는 건 그래야만 '사람답게' 살 수 있다고 믿기 때문인데요. 우리나라 아이들이 청소년기에 '사람답게' 사나요? 그런 법을 가르치나요? 그냥 적당한 직장 얻어서 안정적인 생활을 하면 모든 게 해결되나요? 이 지구라는 행성에 딱 한 번, 그것도 길어야 1백 년 사는데 삶의 목적이 오로지 '그 잘난 안정적인 삶'이라면 너무 억울하지 않나요? 물론 안정적인 삶 속에 있으면 자신이 원하는 진짜 삶을 꾸려갈 '확률'이 다소 높아질지도 모릅니다. 하지만 그런 훈련과 교육을 받은 적이 없으니 기회가 와도 알아차릴지 의문입니다. 좀 더 냉정하게 말하자면 우리의 교육은 오직 의무만 가르치지 제대로 된 권리 행사에 대해서는 구체적으로 가르치지 않습니다. 어떻게 의무의 삶에만 충실하면서 행복할 수 있을까요? 권리를 억압당하고 착취당하면서 행복합니까? 그렇다면 어른들은 지금의 삶에 만족하나요? 후회하는 것들이 많지 않나요? 그런데 정작 내 아이들에게 그 삶을 또다시 강요하고 있습니다. 왜 그럴까요? 혹시 원하는 대학에만 보내면 부모로서의 의무에서 벗어날 수 있다고 생각하는 건 아닐까요? 아이의 '성공적인 삶'이 내 삶을 보상해주는 장치라고 내심 믿고 있는 것은 아닐까요?

요즈음은 좋은 대학에 가는 것이 거의 미션 임파서블 수준입니다. 그래도 예전 사회는 80:20의 세상이었어요. 다 같이 가난하니 상대적으로 똑같은 상황에서 공부할 수 있었습니다. 따라서 '인지이해력'이나 '끈기와 암기' 등의 학습능력을 갖춘 사람, 이에 더해 가난에서 벗어나야 한다는 '의지'까지 충만한 사람들은 열심히 공부해서 좋은 대학에 입학하고 좋은 직장을 얻을 수 있었습니다. 흔히 말하는 '개천 용'들입니다. 그러나 지금은 '개천에서 욕 나오는' 세상입니다. 돈이 있어야 좋은 교육

환경과 조건을 누릴 수 있고 실제로 그런 것들이 진학을 좌우하니까요.

부모님들도 압니다. 우리 사회가 더는 80:20으로 작동하지 않는다는 것을 말이에요. 하지만 이런 경우에도 대부분 '그래도 내게는 10%쯤의 확률이 있어'라고 생각합니다. 좋은 대학에 가는 데 꼭 필요하다는 '할아버지의 재력, 아빠의 적당한 무관심, 엄마의 정보력' 중 하나 혹은 둘 정도는 있으니 다행이라 여기면서 최선을 다합니다. 바로 여기서부터 착각이 시작되는데요. 안타깝게도 이게 끝이 아닙니다. 두 번째 착각은 '내가 부모로부터 받은 교육적 혜택보다 내가 지금 자식들에게 해주는 게 훨씬 더 많고 질도 좋으니까 우리에겐 10%쯤의 확률이 있다'고 여긴다는 점입니다. 과연 그럴까요? 거의 모든 부모들이 똑같은 경쟁을 벌이는 마당인데, 10%는 과연 안전한 수치일까요?

현실을 봅시다. 부모도 자녀도 '서울 지하철 2호선 대학'에 가길 원합니다. 솔직히 '2호선 대학'만 포기한다면 대학 가는 거 걱정하지 않아도 됩니다. 대학 입학 정원이 수험생 수보다 많잖아요? 공부를 전혀 하지 않아도 '서울상대'는 갈 수 있습니다. '서울에서 상당히 먼 대학'입니다. '졸업장, 점수와 상관없이 수능 본 증명서, 그리고 입학금과 등록금'만 있으면 '누구나 환영'하는 대학이 전국에 널렸습니다. 공부 웬만큼 하면 '서울약대(서울에서 약간 먼 대학과 지방의 국립대학)'를 갈 수 있습니다. 물론 이것도 쉬운 일은 아니지요. 그런데 왜 모두들 '서울 지하철 2호선 대학'만 고집하나요? 왜 '2호선 대학'을 뺀 나머지는 '지잡대'라는 이름으로 스스로 비하할까요? 우리 사회가 그만큼 철저히 서열화된 사회, 즉 여전히 '고학력, 엘리트, 카르텔의 사회'라는 것을 알기 때문입니다.

우리나라 입시의 가장 큰 문제는 일류대학에 진학하는 기준을 오직 '인지이해력, 끈기와 암기'의 힘에 두고 있다는 점입니다. '어떤 사람'인가 하는 점은 조금도 고려 대상이 아닙니다. 간혹 면접을 통해 수험생의 인성이나 개성을 보는 대학도 있습니다만, 그런 대학은 대개 '2호선 라인'이 아닙니다. 슬슬 궁금해집니다. 대체 일류대학에 진학할 수 있는 확률은 얼마나 될까요?

대학이 최상의 해결책일까?

결론부터 말씀드리면 대략 1.7%에 플러스마이너스 0.5% 정도입니다. 믿어지지 않지요? 구체적으로 따져봅시다. 일류대학에 원서라도 내려면 2등급은 되어야 합니다. 말이 2등급이지, 정말 쉽지 않은 일입니다. 최대치가 11%니까 한 반 정원을 30명이라고 하면 3등 안에 들어야 합니다. 원서를 낸다고 다 합격하는 건 아니지만 일단 합격했다고 칩시다. 그런 대학을 졸업하고도 그토록 원하는 직장—대기업, 공기업, 공무원—에 들어갈 확률은 40%를 넘지 못합니다. 그나마 겨우 10년 정도만 안정이 보장될 뿐인데요. 이제 계산해볼까요? 그렇게 살 수 있는 확률은 11% × 40%이니까 4.4%가 되는 셈입니다. 앞에서 '나는 그래도 가능해'라며 안심했던 그 '10%의 희망'은 그야말로 '희망사항'일 뿐입니다. 이번엔 전국 단위로 정리해봅시다. 언제나 최상위 1%는 따로 존재합니다. 예전 경기고등학교의 경우 한 학년 600명 가운데 400명 이상이 서울

대학교에 진학했습니다. 그러나 경기고등학교에 진학하는 학생들이 전부 대도시의 부잣집 자녀들인 건 아니었어요. 시골의 가난한 집 학생도 열심히 공부하면 갈 수 있었습니다. 그러나 이제 그것은 '전설'이 되었습니다. 지금 상위 1%는 특목고의 차지입니다. 특목고에 가려면 초등학교 때부터 '투자하고 관리'해야 합니다. 학비도 비싸고 부대비용도 만만치 않으니까요. 돈이 없으면 꿈도 못 꿉니다. 그런 학교에서 돈 없고 공부 잘하는 학생들에게 장학금 듬뿍 줘서 기회를 준다는 말, 저는 들어보지 못했습니다. 그러니 특목고는 일단 중산층 이상의 몫입니다(여러 대학들이 '노골적으로' 특목고 출신을 선호하는 까닭도 학습능력 운운하지만 실제로는 그 학생들의 '출신'을 고려하기 때문이라는 건 공공연한 비밀입니다). 그러면 얼마 남나요? 3.4% 남습니다. 4.4%도 답답한데 말이지요.

이것으로 끝이 아닙니다. 다시 1%를 내주어야 합니다. 광역대도시의 이른바 '교육특구', 즉 대치동 청담동으로 대변되는 강남8학군이나 목동 등, 그리고 인천, 대전, 대구, 광주, 부산 등에 있는 그런 곳에서 사교육을 받는 학생들의 몫입니다. 못 믿으시겠다면 각 대학 신입생들의 출신 지역 분포를 살펴보세요. 예를 들어 지방의 제법 큰 규모의 도시에서 예전 그 지역의 명문 고등학교에서 서울대학교에 진학하던 숫자보다 특목고를 제외한 그 지역 고등학교 전체에서 진학한 학생 숫자가 더 적은 곳들이 허다합니다. 얼마 남았나요? 2.4%입니다. 갈수록 목이 조이는 느낌이죠?

　다시 우리와 학생들의 목을 조이는 단계가 남았습니다. 수시입학이 그것입니다. 본디 수시입학의 취지는 우리나라의 교육에 문제가 있다는 점을 교육 당국이 인정한 결과물입니다. 우리 교육이 지나치게 주입식이어서 미래의 인력이 요구하는 창의성이나 논리적 능력이 떨어진다는 걸 스스로 인정했지만 입시 제도를 바꿀 깜냥은 못 되니까 그 책임을 대학에 슬쩍 떠넘긴 겁니다. 그래서 논리적 능력, 수리적 능력, 창의적 능력, 사회봉사 능력에 농어촌특례입학까지 끼워서 정시 외에 따로 뽑는 전형을 만든 거죠. 처음에는 정원의 15%를 넘지 못하게 못을 박았지만, 이명박 정권 때 50%의 벽을 깨뜨렸고 이제는 거의 모든 대학이 70~80%까지 수시전형으로 학생을 뽑습니다.

그런데 일류대학의 수시입학 분포를 자세히 살펴보면 참담합니다. 앞서 말한 두 그룹이 이런 대학의 수시입학 분포의 60~70%를 가져가니까요. 지금이야 거의 모든 대학이 학생들을 확보하기 위해 너 나 없이 수시로 학생들을 뽑지만, 이른바 '논술시험'을 통해 뽑는 건 아닙니다. 논술시험을 통해 뽑는 대학에 진학한 학생들이 (여러분이) 살고 있는 지역이나 학교에 얼마나 되는지 살펴보시면 금세 알 수 있습니다. 공부 좀한다는 고등학생들 대부분이 수시입학을 꿈꿉니다. 두 가지 이유가 있는데요. 하나는 정시 외의 기회이면서 여러 군데 시험을 치를 수 있기 때문입니다. 또 하나는 하루라도 입시 지옥에서 먼저 벗어나고 싶은 염원 때문이고요. 물론 요행을 바라는 경우도 있습니다. 소 뒷발에 쥐 잡듯 덜컥 합격할 수도 있으니까요.

그러나 현실은 그리 녹록하지 않습니다. 2학년 때까지만 해도 수시의

'꿈'은 꿉니다. 하지만 도대체 어떻게 준비를 해야 하나요? 특목고처럼 학교에서 수시 대비를 해주는 것도 아니고 광역대도시의 수시 대비 학원을 다닐 수도 없는 처지이니, 그저 그림의 떡일 수밖에요. 게다가 그런 대학의 수시 경쟁률은 30:1을 넘나듭니다. 그러니 고3이 되면 어쩔 수 없이 선택해야 합니다. 어설프게 수시 준비하다 정시까지 망치면 그야말로 게도 구럭도 다 잃게 될 수 있다는 불안이 엄습하고, 경쟁률도 두렵고, 결국 포기하게 되는 거죠. 앞에서 남은 확률이 얼마였죠? 네, 2.4%였습니다. 그런데 수시 입학 확률까지 고려하면 평균 1.7% 플러스마이너스 0.5%가 됩니다. 상대적으로 조금 유리해봤자 2~3%, 불리한 입장이 되면 1.2%입니다. 우리가 주식에 투자할 때 1년 뒤 오를 확률이 50%가 되지 않으면 어떡하나요? 쉽게 투자하지 않아요. 그런데 부모와 아이 모두가 엄청난 시간과 비용을 투자해서 일차적으로 바라는 '안정된 직장을 얻는 10년의 삶'을 얻는 확률이 고작 2% 남짓이라면 다시 생각해야 하지 않을까요?

대학에 진학한다고 모든 게 해결되나요? 솔직히 남들 다 대학 가니까 내 아이도 일단은 어떤 대학이라도 보내 대졸자를 만들어야 최소한 어디 명함이라도 내밀 수 있다고 생각하는 것은 아닌가요? 뾰족한 대안이 없으니 그냥 '관습적으로' 매달리는 건 아닌지 모르겠습니다. 만약에 내 아이가 "엄마 아빠, 나 대학에 진학하지 않을래요"라고 한다면 억박질러서라도 대학에 보내시겠습니까, 아니면 속으로 '그래 고맙다' 하시겠습니까? 사실 대학까지 가르치려면 돈이 많이 듭니다. 일시불로 정산하라고 하면 엄두가 나지 않을 비용이죠. 그런데 교육은 '할부'로 치르는 셈이니까 버틸 만하다고 생각합니다. 달리 대안은 없지, 중간에 그만두기도 만만치 않지… 참으로 답답할 뿐이지요. 하지만 대학에 간다고 예전처럼 무조건 일자리가 얻어지는 것도 아니니, 대한민국의 대학은 삼키지도 뱉지도 못하는 뜨거운 감자입니다.

역전이 가능한 삶을 준비하라

여기까지 읽으시느라 답답하셨을 겁니다. 이것이 현실입니다. 희망이 사라진 현실이죠. 그러나 우리는 여기서 이제까지와 전혀 다른, '새로운 희망'의 가능성을 볼 수 있습니다. 이미 '임계점'을 넘은 만큼 더는 불가능한 확률에 매달릴 필요가 없어요. '나는 최소한 10%[*]는 넘는다'는 착각 때문에 전전긍긍하며 오래된 가치에 올인할 이유가 없습니다. 이제 대안을 찾아야 합니다. 혁명의 시작이지요.

대한민국 청소년들이 치르는 대학수학능력고사처럼, 한 사람의 일생이 누구에게나 똑같이 적용되는 테스트와 그 결과를 통해 일찌감치 결정된다는 건 너무도 비합리적인 일입니다. 사람마다 능력이 다르고, 그 능력이 꽃피는 시기도 다르기 때문인데요. 어떤 사람은 일찌감치 인지

---

[*]   그러나 현실적으로는 '최대한'이라 봐야 기껏해야 2~3%이다.

이해력이 두드러지게 나타납니다. 학교 성적을 올리기엔 절대적인 조건 이지요. 그러나 어떤 사람에겐 그런 능력이 늦게 발현되거나 남보다 부족할 수도 있습니다. 이런 사람에게 현실의 제도는 절대적으로 불리합니다. 역전할 기회조차 없는 셈이고요. 비합리적인 걸 넘어서 잔인한 것입니다. 한 사람의 삶이 청소년기에 거의 전부, 혹은 최소한 70~80% 정도 결정된다는 게 도대체 말이 됩니까?

흔히 교육을 '백년대계'라고 말합니다. 다들 "우리가 이만큼 경제적으로 초고속 압축 성장을 할 수 있었던 것은 교육 덕택이다"라고 하지요. 그러면서 교육이 우리의 삶을 결정하는 중요한 요소였다고 강조합니다. 교육 당국은 자신들이 그 엄청난 역할을 수행했다고 자부할 뿐 아니라 앞으로도 계속해서 그런 역할을 담당할 것이라고 자신합니다. 정말 커다란 착각이에요. 한마디로 웃기는 일입니다.

교육은 톡 까놓고 말하면, 그 시대와 사회가 필요로 하는 노동력을 배양하고 제공하는 못자리입니다. 지금까지 우리의 교육이 오로지 '속도와 효율'에만 몰입했던 것은 지난 세기 요청되었던 노동력이 '속도와 효율'에 좌우되는 사회경제적 구조였기 때문입니다. 다행히 그 두 가지가 서로 맞아떨어져서 우리가 짧은 시기에 그렇게 초고속 성장을 할 수 있었던 것입니다. 어떤 상황이 주어지면 머릿속에 들어 있는 지식—이해로 수용되고 암기로 저장된—을 '꺼내' 판단하거나 정확하고 빠른 계산을 통해 문제를 해결했지요. 그러니 '좋은 머리'만 있으면 다 되는 셈이었습니다. 요즈음은 어떤가요? 웬만한 컴퓨터 하나만 구비하면 거의 모든 정보와 지식을 얻을 수 있고, 기본적 알고리즘만 가동해도 아주 복잡한 계산까지 간단하게 해결할 수 있습니다.

이런 시대를 살아가는 우리에게 필요한 능력은 무엇일까요? 기본적 지식을 토대로 한 다양한 상상력과 영감, 그리고 창의성을 발휘할 수 있는 능력일 겁니다. 하지만 우리에겐 그런 소양을 갈고닦아줄 교육이 부재합니다. 심각성을 아직도 깨닫지 못하고 있다는 것은 대단한 문제이고요. 그러니 지금의 교육 방식에 순응하도록 가르치는 것은 곧 미래 가치에 부적합한 사람이 되라고 종용하는 것과 다르지 않습니다. 그런데도 우리는 과거의 방식에 매달립니다. 극단적으로 낮은 확률 안에 들어가기 위해서 청년기의 인생 초반부를 몽땅 공부에 쏟아 붓는 거예요. 말이 되지 않는 일입니다.

다시 현실의 문제를 봅시다. 좋은 대학에 진학하면 아무래도 상대적으로 나은 삶을 누릴 확률은 커지겠지요. 하지만 암기와 반복학습에 익숙한 지능이 변화 혹은 진화하지 않은 상태로 고착되면 오히려 그게 더 해로울 수 있습니다. 주변을 둘러보세요. 여러분의 친구들 중에도 있을 겁니다. 공부를 잘해서 좋은 대학 가고 좋은 직장을 얻었으며 아는 것도 많지만 그게 최고인 줄만 알고 오직 그 길만 고수해서 살던 사람들이 어느 날 갑자기 일자리를 잃게 되면 할 수 있는 게 거의 없어서 황망해하지 않던가요? 얼마 안 가 비일비재한 사례가 될 겁니다.

그런데 더 가혹한 문제가 있습니다. 이런 현실에서는 '역전의 삶'이 이루어질 수 없다는 거예요. 아무리 눈 씻고 찾아봐도 보기 힘듭니다. 청소년기에 오로지 인지이해력과 암기력에 의해 인생이 결정된다는 것도 참혹한데, 인생을 통틀어 역전이 되지 않는다니요! 너무나 끔찍합니다. 두 가지 경우의 수가 있겠지요. 사회가 여전히 과거의 틀에서 벗어나지 못했거나, 혹은 사고의 변화가 전혀 일어나지 않기 때문입니다. 솔직히 말해 공부를 잘하는 학생들은 다그치지 않아도 알아서 합니다. 물론 더 나은 조건(좋은 학원이나 과외라는 조건)에서 조금 더 치밀하게 계획된 공부의 지원이 도움은 될 겁니다. 하지만 그래 봤자 앞서 언급한 것처럼 확률은 지극히 낮습니다. 대다수는 그 범위를 벗어나요. 따라서 교육 당국은 물론 부모님도 그렇지 않은 학생들에 대한 미래지향적 대안을 고민해야 합니다.

저는 학생이나 청년들을 대상으로 강연할 때 종종 이렇게 말합니다. "여러분이 진정 자신의 미래를 고민하고 있다면 절대로 어른들이 하는 말을 듣지 마세요. 부모님 말씀도 선생님 말씀도요. 물론 이렇게 말하는 저 자신도 포함되겠지만요. 어느 부모님이 자식 잘못되기를 바라고, 어떤 선생님이 제자 그릇되기를 원하겠습니까? 모두 자식과 제자 잘되라는 뜻으로 여러분에게 조언도 하고 삶을 설계해줄 겁니다. 재단裁斷과 간섭도 있겠지만 모두 뜻은 같을 겁니다. 하지만 그분들의 말을 따르는 건 매우 위험합니다. 지금의 어른들은 특별한 일이 없는 한 평생 한 번의 직업을 갖고 살았습니다. 그다음 삶에 대한 준비나 훈련이 전혀 필요 없는 시대를 살았고 역전을 꿈 꿀 일도 없었지요. 그러나 여러분이 살아갈 미래는 다릅니다. 원하든 원하지 않던, 여러분은 최소한 여섯 번 직업이나 직종이 바뀌는 시대에 살아야 합니다. 그런데도 어른들은 여전히 과거처럼 오로지 첫 번째 직업과 직종에만 집중하고, 그러기 위해서 좋은 대학에 가야 한다고 채근하고, 무조건 학교 공부를 잘해야 한다고 강조하니까요."

우리가 잘 쓰는 말이 있죠. "공부에는 다 때가 있다"는 것입니다. 맞는 말입니다. 시기를 놓치면 공부할 기회가 거의 주어지지 않았습니다. 그러나 지금은 다릅니다. 평생이 다 '공부할 때'입니다. 중고등학교를 졸업하고 자동적으로 대학에 진학하는 방식은 이제 잊어야 합니다. 예전에는 대부분 서른 이전에 결혼했지만 지금은 어떤가요? 서른 중반 혹은 그 이후에 결혼하거나 아예 결혼을 하지 않아도 이상하게 여기지 않습니다. 현실적 환경과 조건 탓도 있지만, 일단 평균 수명이 늘었잖아요. 그러니 꼭 예전 방식대로 '적령기'에 '중고등학교 입학·졸업 → 대학 입학·졸업 → 사회진입·혼인'이라는 공식을 따를 필요가 없어졌습니다. '적령기'라는 말 자체가 의미 없어진 지 오래되었습니다. 공부가 적성에 맞지 않거나 아직 자신이 정말 무엇을 전공하고 싶은지 모르거나 현장에서 제대로 느끼고 확인한 뒤에 상급학교로 진학해도 요즘은 누가 뭐라 하지 않습니다. 일단 고등학교를 졸업하고 직업을 갖고 생활하다가 '무엇을 해야겠다'는 게 명확해지면 그때 대학에 가도 됩니다. 생각을 바꿔야 한다는 뜻입니다. 사실 지금 하는 공부는 '그런 공부'를 하는 데 필요한 '기초체력'을 키우는 공적 과정이니까요.

여러분의 자녀들이 모두 좋은 대학에 가서 좋은 직업을 얻으면 얼마나 좋겠습니까? 그러나 '좋은 대학=좋은 직업'이란 등식이 반드시 성립되리란 법도 없거니와 '좋은 인생'이란 결과 값을 얻기 위해 '좋은 대학'과 '좋은 직업'이 선행되어야만 하는 것도 아닙니다. 인생이란 함수는 그런 식으로 딱 풀리지 않잖아요? 그러니 냉정하게 생각해야 합니다. 여러분의 자녀들이 지금의 학교 공부에서 성적을 충분하게 혹은 만족하게 얻지 못해서 좋은 대학에 가지 못하고, 그래서 이른바 '좋은' 첫 직업을 얻지 못할 수도 있습니다. 솔직히 그럴 확률이 더 큽니다. 그러나 그다음, 혹은 그 다음다음 단계에서 '역전'한다면 어떻겠습니까? 그게 핵심입니다!

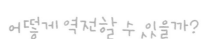

어떻게 역전할 수 있을까?

역전이라니! 말이 쉽지 현실에서는 결코 녹록하지 않은 일이지요. 그 뿐인가요? 우리는 그동안 역전하는 훈련이나 교육을 받은 적도 없고 가르친 적도 없습니다. 그저 주어진 인생에 '잘' 적응하는 방식을 배웠을 뿐입니다. 그러나 우리 아이들에게까지 그런 삶을 물려줄 수 없습니다. 게다가 아이들이 살아가야 할 시간은 우리보다 훨씬 깁니다. 역전할 수 있는 기회를 만들어주어야 하고, 역전을 가능하게 할 능력을 키워줘야 해요. 기초 체력 다지기에 필요한 인지이해력 같은 것이 늦게 발현되어 시작이 늦어질 수도 있겠지만, 그게 무슨 대수입니까? 각자의 진짜 능력이 제대로 발현될 때를 위해 좀 더 기다리고 인내하고 투자하면 되지요.

예를 들어볼까요? 자녀의 성적이 뛰어나지 못해 이른바 일류대학에 진학하지 못했습니다. 우리 교육은 전 과목을 다 잘해야 하는 아주 무모한 방식이라는 거, 다 아시죠? 아이들이 무슨 슈퍼맨도 아닌데 말입니다. 그러니 '전 과목 1등급'을 받지 못해 명문대에 진학하지 못했다 해도 조금도 이상하지 않은 거예요. 게다가 어떤 한 사람이 모든 과목에서 적성을 나타내고 학업 능력도 뛰어날 수는 없습니다. 그저 더 많이 훈련한 결과일 뿐이지요. 이 얼마나 무모한 에너지 소비입니까? 물론 부모님들이 자녀에게 대단한 것을 원하는 건 아닙니다. 다들 "네가 '하고 싶은' 거 하고 살아. 좋아하는 거 '잘해서' 그걸로 먹고살면 그게 행복한 거지" 하고 말합니다. 물론 이렇게 덧붙이는 것도 잊지 않아요. "네가 하고 싶은 걸 하고 살려면 지금은…"

그런데 '진짜 하고 싶은 것'이 무엇인지를 어떻게 알 수 있나요? 결코 쉽지 않은 질문입니다. 게다가 아이들은 하고 싶은 게 아침 다르고 저녁 다릅니다. 그만큼 생각이 자유롭고 열려 있으니까요. 저는 '하고 싶은 일'을 이렇게 정의합니다. '일단 그걸 하고 있으면 시간 가는 줄 모르는 일'이라고요. 예를 들어 아이들은 컴퓨터 게임을 좋아합니다. 밥을 안 먹어도 배고픈 줄 모르고, 시간이 어떻게 흐르는지 까맣게 잊을 만큼 몰입합니다. 그렇게 몰입하는 일이 바로 '좋아하는 일'이지요. 그러나 게임을 좋아한다고 해서 모두 다 게임을 잘하는 건 아닙니다. 프로게이머가 될 정도의 실력을 가진 사람은 극소수잖아요.

이번에는 '잘하는 일'을 정의해봅시다. 잘하는 일은 다행히 천부적인 능력이 있거나 어떤 일은 쉽게 터득하고 남들보다 잘할 수 있는 일을 말합니다. 좋아하는 일을 짧은 시간에 잘하는 사람도 간혹 있지요. 우리는 그런 사람들을 '천재'라고 부릅니다. 그렇다고 천재의 삶이 전부 행복한 것도 아닙니다만. 잘하는 일은 어떻게 알 수 있을까요? 예를 들어 내가 노래를 잘 부르는 능력이 있다고 칩시다. 그런데 나는 노래하는 걸 별로 좋아하지 않아요. 하지만 내가 노래 잘하는 건 나도 압니다. 그러면 언제 어디서 누가 노래를 시켜도 겁이 나지는 않습니다. 그게 바로 내가 잘하는 일입니다. 현실적으로는 '잘하는 것'으로 먼저 직업이나 직종을 선택하는 게 바람직하겠지요.

일류대학을 졸업하지 못한 경우를 생각해볼게요. 현실적으로 원하는─부모든 본인이든─ 직업을 얻게 될 확률은 적습니다. 급여도 기대한 만큼 안 나올 테고요. 이 대목에서 잠깐 주목하셔야 할 게 있습니다. 바로 '서울약대'에 갈 정도의 성적을 가진 경우입니다. 3~5등급쯤 됩니다. 사실 그 성적도 쉽지 않습니다. 전 과목을 다 잘하지 못해서, 또는 시험 볼 때 운이 나쁘게도 컨디션이 좋지 않아서 원하는 점수를 얻지 못해서 그 대학에 갈 수밖에 없는 경우도 꽤 많습니다. 이 친구들은 대학을 졸업해도 마음에 드는 직장을 얻기 어렵습니다. 눈과 마음은 높은 곳에 있습니다. 그러나 그런 직장들은 이미 일류대학 출신들이 거의 다 차지합니다. 그렇다고 아무 데나 가기는 싫어요. 마음이 움직이지 않습니다. 그래서 여러 곳에 입사원서를 냈다가 결국 공무원 시험을 준비하는 쪽으로 마음을 다잡고 노량진 공무원 입시 전문학원을 찾습니다. 그건 쉬운가요? 청년 실업의 상당수는 바로 이 계층의 어중간함 때문이기도 합니다.

그 아래에 있는 대학을 졸업하면 더 심각하겠지요? 그러나 오히려 그

반대일 수도 있습니다. 스스로 눈높이를 낮춰서 자기 능력에 맞는 직장을 얻기 때문입니다. 일단 직업은 얻기에 차라리 더 유리할 수 있습니다.

문제는 그다음입니다. '하고 싶은 일'을 포기하면 안 됩니다. 직장을 얻어서 기본적인 생계를 유지할 수 있는 안정성을 확보했다면 '좋아하는 일'을 계속할 수 있는 능력을 키우는 데 관심을 갖고 투자해야 합니다. 물론 쉽지 않겠지요. 그러나 첫 직장에서 인생의 성패가 결정되는 건 아니잖습니까?

생각해봅시다. 예를 들어 나는 수영을 '좋아'한다고 칩시다. 그런데 수영을 잘하지는 못합니다. 인간의 비극 가운데 하나는 좋아하는 일을 잘하기가 어렵다는 것과 그걸 잘하기 위해서는 너무나 많은 시간과 노력이 필요하다는 사실입니다. 그래서 쉽게 포기합니다. 좋아하는 일, 즉 수영을 잘하고 싶다면 어떻게 해야 할까요? 수영 강습을 받으면 되잖아요? 재능이 없으니 쉽게 실력이 늘지는 않을 겁니다. 하지만 무엇을 하든 3주, 3달, 그리고 3년을 버티면 전문가의 수준까지 도달할 수 있습니다. 접영까지 마스터했으니 그만둔다고요? 그러면 그 수영 실력은 취미로 끝날 겁니다. 새로운 '직업'이 될 수 있는 수준과 능력, 그리고 자격까지 끌어올려야 진짜 실력이지요. 수영강사 자격도 취득하고, 더 나아가 다이버 스쿠버 자격도 습득하고, 가능하면 수질관리사 자격까지 획득해두면 어떨까요? 언젠가 내가 좋아하는 그 일을 새로운 직업으로 삼을 수 있을 겁니다.

'평생 공부'를 계획하라

기능적인 일만 가능한 건 아닙니다. 자신이 좋아하는 분야를 정확히 찾았으면 거기에 맞춰 공부해야 합니다. '공부'라면 지겹지요? 지금까지 해본 공부가 학교 공부뿐이고, 그마저 억지로 했으니 거기서 별다른 즐거움을 찾기 어려웠을 겁니다. 하지만 내가 정말 하고 싶은 분야의 공부로 관심을 돌리면 이야기가 달라집니다. 게다가 이제 인지이해력이 발현된 상태입니다. 깨치는 머리가 트인 거예요. 흔히 나이 들면 기억력이 떨어진다면서 '공부 나이' 운운하지만 이는 단순화의 오류일 뿐입니다. 공부는 기억력으로만 하는 게 아니에요. 나이 들면 오히려 이해력이 좋아지고, 입체적으로 사유할 수 있는 능력도 커집니다. 단순히 머리로만 하는 공부가 아니라 내 삶으로 들어와 나의 체질을 변화시키는 공부를 할 수 있게 되지요. 따라서 공부가 재미있어집니다. 제가 '평생 공부lifelong learning'를 주장하는 이유는 명확합니다. 지금처럼 빠른 속도로 전환하고 발전하는 지식과 정보를 습득하고 소화하려면 살아가는 내내 공부해야 해요. 예전처럼 한 번 배워두면 두고두고 써먹는 시대는 끝났습니다. 매일매일 평생에 걸쳐 공부해야 합니다.

인생 초반에 좋은 대학을 들어가지 못했다고 해서 좌절할 필요 없습니다. 그걸로 인생이 끝나는 건 아니거든요. 물론 직장 생활을 하면서 공부하는 것은 참 어렵습니다. 야간대학에 다녀볼까 마음먹어도 현실이 만만치 않죠. 신입사원이라면 더 말할 것도 없습니다. 그러면 어떻게 공부할 수 있을까요?

우리나라에는 방송대학 등 개방대학들이 많습니다. 각 대학에서 운영하는 사이버대학*이나 한국형 온라인 공개강좌를 모아놓은 K-MOOC** 같은 시스템을 이용할 수도 있습니다. 학비가 저렴하여 경제적 부담이 적다는 것, 개개인의 형편에 맞게 물리적 시간을 조정할 수 있다는 것, 자신이 '좋아하는' 분야의 전문적인 공부를 체계적으로 해나갈 수 있다는 것 등이 큰 장점입니다. 물론 일하면서 공부한다는 게 쉬운 일은 아닐 겁니다. 놀 거 많고 할 거 많은 현대사회에서 '주경야독晝耕夜讀'하기란 더 어렵습니다. 하지만 마음을 굳게 먹고 앞으로 펼쳐질 미래를 염두에 둔다면 못할 일도 아니에요. 어렸을 때는 환경이 따르지 못해서 또는 공부하는 게 싫어서 무작정 공부를 멀리했을 수 있습니다. 하지만 이제

---

*　국내 사이버대학 현황과 강좌.
**　K-MOOC 강좌.

상황이 달라졌어요. 특히 직장생활을 하면서 '내 삶을 지배할 수 있다'는 자신감을 얻은 이상 두려울 게 별로 없습니다. 이제 본인이 진짜 하고 싶은 것을 찾아 시간과 노력을 지속적으로 투자하면 됩니다. 이렇게 하는 공부는 재미있습니다.

하지만 현실적인 애로사항도 있습니다. 대학원 코스도 아닌데 누가 알아줄까 하는 생각도 들고, 승진하는 데 크게 도움이 될 것 같지도 않고, 당장 써먹을 일도 없다 보니 난감함이 앞설 것입니다. 그러나 가야 할 길이 멀고 남은 시간이 많다는 점을 감안하면 투자할 가치가 충분하다고 봅니다. 차별성을 획득하고 싶다거나 훗날 유리하게 활용할 수 있는 특장特長을 확보하고 싶다면 전 세계에 있는 다양한 개방대학에 눈을 돌려보세요.

내 인생의 찬란한 역전

포도주를 좋아하는 A라는 친구가 있습니다. 포도주 마니아죠. 요즘 그는 포도주를 즐기는 차원을 넘어 앞으로 포도주 관련 일에 종사하고 싶다는 생각을 하고 있어요. 그래서 국내 개방대학에서 관련 공부를 했습니다. 공부하면 할수록 욕구가 더 늘어납니다. 이번에는 다른 나라의 개방대학을 알아봅니다. 프랑스의 보르도에도 개방대학이 있군요. 언어 능력이나 출석 일수 등의 문제가 있지만 일단 도전하기로 마음먹습니다. 포도주 관련 학과를 찾아 등록하고 프랑스어를 배웁니다. 국내 개방대학을 다닐 때 미리 해당 언어를 공부해뒀다면 더 좋겠지만, 지금 해도 늦지 않습니다. 영어는 국제어니까 당연히 공부합니다. 그러면 A라는 친구는 언어 면에서 크게 성장하겠지요? 포도주를 좋아하고 거기에 맞는 전공과 직업을 염두에 뒀다면 국내 개방대학에서 식물이나 화학 등을 전공해도 큰 틀 안에서는 좋은 선택일 겁니다.

잠시 옆으로 더 새보겠습니다. A에게 1주일간 프랑스 출장 기회가 생겼습니다. 그러면 A는 보르도 대학 게시판에 사정을 설명하고 주말에 보르도에 가면 혹시 함께할 수 있는 사람이 있는지 물어볼 테지요. 그와 함께 포도밭과 와이너리에 가보고 그곳의 청년들도 만나봅니다. 귀국한 후에는 그에게 감사카드를 보냅니다. 이후 매년 연말에 카드나 메일로 인사하면서 그 친구를 '프랑스에 있는 내 사람'으로 만든다면 정말 굉장한 자산이 생긴 것 아닐까요? 이런 게 바로 글로벌 경쟁력이죠. 서로가 서로의 에이전트가 되어 훗날 A가 독립하든 프랑스 친구가 독립하든 비즈니스상 조력 관계를 맺을 수 있습니다.

자, 이제 프랑스 보르도 대학에서 학위를 취득했습니다. 프랑스어와 영어도 제법 합니다. 잘하는 게 세 가지, 좋아하면서 잘하는 게 두 가지입니다. 물론 누가 알아주지는 않습니다. 그러나 자신의 능력은 이미 커졌습니다. 세상을 보는 시야도 넓어졌고요. 시간으로 따져보니 대략 10년이 걸렸어요. 처음 국내에서 방송대학의 학위를 취득했을 때는 현실적으로 크게 도움이 되지 않은 듯 보였지만 계속해서 공부하고 실력이 상승하면서 A는 능력을 인정받게 되었습니다. 높아진 연봉과 승진은 부수적으로 따라올 테지요.

이번에는 일류대학에 진학해서 남들 부러워하는 직장에 입사한 B를 살펴봅시다. 그는 동세대 직장인들 평균 연봉보다 2배쯤 많은 연봉을 받습니다. 예전 같으면 그 격차가 계속해서 벌어졌을 거고, 거의 평생 갔을 테지요. 이제는 그런 시대가 아닙니다. 현재 부모님들 세대도 이미 체감하고 있지 않나요? '평생직장'이라는 개념이 사라진 탓입니다. 10명이 함께 K회사에 입사했다고 칩시다. 10년쯤 뒤에 차지하게 될 팀장의 자리는 2개밖에 없어요. 예전에는 회사의 성장과 더불어 인력의 규모도 커졌기 때문에 평생직장이 가능했지만 지금은 매출과 이익이 늘어도 이전과 같은 규모의 인력이 필요하지 않습니다. 그럼 나머지 8명은 어떻게 될까요? 물론 그 사이에 이미 두세 명은 퇴사했거나 이직했을 테니 대여섯 명으로 봐도 무방합니다. 따라서 B는 연봉 1억쯤 되는 자리를 눈앞에 두고 회사를 그만둬야 하는 상황에 직면하게 될 겁니다. 이제 새로운 일자리를 찾아야겠지요? 그런데 이전보다 좋은 조건의 일자리를 얻는 건 언감생심입니다.

눈을 낮추고 몸을 낮추어 재취업에 성공했지만 B의 상황은 점점 더 어려워집니다. 첫 회사가 평생직장일 거라 생각하고, 그렇게 믿고, 자신의 삶을 일정한 주기로 계산해서 앞날을 준비하지 않았기에 B는 속수무책으로 당할 수밖에 없습니다. 만약 B가 결혼해서 가정을 꾸린 사람이라면 어떨까요? 그 나이쯤―본격적으로 많은 돈이 들어갈 시기―에 오히려 수입이 감소되는 현실과 맞닥뜨려야 할 겁니다. 이것이 우리 모두가 곧 만나게 될 현실입니다. 좋은 대학 가서 좋은 직장 들어갔다고, 일생을 보장받았다고 좋아하던 시절의 이야기는 '전설의 고향'이 되고 말았지요.

다시 본래의 이야기로 돌아가서 A의 경우를 떠올려봅시다. 10년 동안 절치부심切齒腐心한 끝에 드디어 역전의 삶이 가능해졌습니다. 이때쯤 직장에서도 능력이 십분 발휘되어 승진은 물론 연봉도 높아집니다. 같은 직장에서 계속 일할 수도 있지만 이런 능력자라면 스카우트의 대상이 될 수도 있지요. 요즈음은 대기업들도 신입사원 수를 줄이고 필요한 만큼 경력사원을 뽑고 있습니다. 신입사원에 대한 투자가 제대로 빛을 발하지 못하기에 기업 측에서 경력사원으로 인력을 채우기 시작했기 때문입니다. 경력사원을 원하는 곳이 많아질수록 기업은 전문적으로 인력을 공급해주는 회사와 계약하게 되는데요. A처럼 인생의 시기를 잘 구분하여 미래를 준비하며 능력을 키워온 사람이라면 그런 전문 인력회사의 레이더망에 포착되기 쉽지요. 이런 사람들은 스카우트될 때 같은 직종군群에 있는 사람들보다 높은 직책과 연봉을 제안받을 겁니다.

정리해볼까요? 여기 세 친구가 있습니다. 한 사람은 인지이해력이 일찍 발현되거나 온갖 지원과 혜택 덕택에 좋은 대학에 가서 좋은 직장을 얻었습니다. 그러나 10년 뒤에는 정점을 찍고 하강할 수 있는 가능성이 큽니다. 또 한 사람은 보통 실력으로 보통의 대학을 졸업하고 원하지 않았던 수준의 직장에 들어갑니다. 앞 사람 연봉의 절반쯤 받으며 일합니다. 매년 3% 내외의 연봉 인상으로 만족하며 살아가겠지요. 물론 그런 삶이라고 실패한 건 아닙니다. 마지막 한 사람도 출발은 엇비슷합니다. 그러나 그는 자기 삶의 단계를 설정하고 투자했습니다. 그리고 10년 후 '역전의 삶'을 이룹니다. 누가 준 게 아닙니다. 스스로 설계하고 투자해서 얻은 결실이지요. 무엇보다 그에게는 'Up & Better'* 의 경험이 생겼고, 이를 바탕으로 앞으로도 잘 설계한 삶을 누릴 것입니다.

어떤가요? 그런 단계를 다섯 번쯤 거치고 마지막 단계에서 나의 삶의 의미와 내가 살고 있는 사회의 공동체적 가치를 위해 설계하고 투자할 수 있다면 충분이 가치 있고 의미 있으며 매력적인 삶이 아니겠습니까? 문제는 우리가 이렇게 살아본 경험도 전례도 없다는 데 있습니다. 무엇보다 학교에서 전혀 가르치지 않았기 때문에, 그리고 부모님들도 대학입시까지만 몰아세우면 다 해결될 것이라고 믿기 때문에, 마땅한 해법을 찾지 못하거나 알더라도 막연하게 느낄 뿐입니다.

좀 더 첨언하자면, 앞서 잠깐 언급했듯이 고등학교 졸업하면 무조건 대학에 진학해야 하는 것도 아닙니다. 먼저 자신에게 맞는 일을 탐색해

---

* 점점 더 위로, 보다 더 낫게

봅니다. 평생직장이 아니니 일찌감치 실망하고 포기할 일이 아닙니다. 달리 말하자면 매우 현실적인 인턴십이기도 합니다. 마침내 내 적성과 기질에 맞는 직업을 만나면 거기 다니면서 어느 정도 능력을 키웁니다. 그런 뒤에도 그게 앞으로 자신이 해야 할 직종이나 직업이며 그러기 위해서 더 공부해야겠다고 판단되면 그때 대학에 진학해도 됩니다. 현실적으로 어렵다고요? 이미 여러 대학에서 35세쯤이면 무시험 전형으로 입학 가능하도록 조처하고 있습니다. 직장인 대상 특례입학 장치를 둔 것이지요. 물론 그 나이 이전에도 내 경력에 가산점을 받아 원하는 전공의 대학에 진학할 수도 있습니다. 이런 것들은 어른 세대들은 경험하지 못했고 상상도 하지 못하는 사례들입니다.

물론 이 사례들은 모두 저 개인의 상상이자 예상입니다. 따라서 절대적으로 옳다거나 틀림없다고 주장할 수는 없지만 충분히 고려해보는 것도 나쁘지 않을 겁니다. 이제, 앞에 제시한 플랜에 버금가거나 더 나은 방식을 찾아보면 어떨까요? 자라는 아이들이 삶의 과정을 단계별로 설계하고 그에 맞는 대안을 모색할 수 있도록 학교와 가정, 그리고 학생 자신과 부모님이 함께 노력하면 어떨까요? 아이들의 인생에 '찬란한 역전'이 가능해지도록 말입니다.

조용하고 의연한 사람이 세상을 바꾼다

성격이 외향적이고 활동적인 아이들이 있습니다. 부모의 입장에서는 내 아이가 내성적이고 비활동적인 것보다 적극적이고 활동적인 아이로 자라기를 바랍니다. 그 마음을 저도 충분히 이해합니다. 주변을 살펴보면 그런 사람들이 더 잘사는 것 같고 더 멋있어 보이고 자신만만해 보이니까요. 또한 부모가 내향적인 기질이라면 그것 때문에 자신이 손해 본 것이 많다고 여겨서 내 아이들만은 그러지 않기를 은근히 바라기도 합니다.

그러나 세상을 바꾸고 자신의 삶을 농밀하게 꾸려가는 사람은 '조용하고 의연한' 사람입니다. 『콰이어트*Quiet*』라는 책을 쓴 수전 케인은 자신의 책에서 그 점을 강조합니다. 수전 케인은 하버드 로스쿨을 졸업하고 미국에서도 가장 잘나간다는 로펌에서 능력을 발휘하던 변호사였습니다. 그녀는 어느 날 자신을 돌아봤습니다. 엄청난 보수와 높은 사회적 평판을 얻었지만 자신의 삶은 아니라는 것을 발견합니다. 무엇보다 자신의 삶이 아니라 남의 삶을 살고 있다고 느꼈습니다. 결국 그녀는 변호사를 포기하고 사람들의 모습들을 추적해봤습니다. 그리고 자신이 남의 옷을 입고 있는 것처럼 느꼈던 이유를 발견했습니다.

바로 성공이라는 이름으로 외치고 있는 것이 대부분 외향성만을 강조하고 있다는 사실이었어요. 케인은 미국에서 이른바 성공학 혹은 자기계발서의 선구자였던 데일 카네기가 오로지 외향성을 지닌 인간만 강조했다고 비판합니다. 대부분의 자기계발서나 성공을 다룬 책들은 거의 예외 없이 적극적으로 나서라고 자극합니다. 물론 필요한 덕목일 수 있지요. 그러나 『콰이어트』라는 책에서 그녀는 시끄러운 세상에서 조용히 세상을 움직이는 힘을 강조합니다. 그녀가 말하는 힘은 바로 '내향성'입니다. 물러설 때를 아는 것, 조용히 자신의 삶을 내재화할 수 있는 시간과 계기를 마련하는 태도이죠. 수전 케인은 무작정 달려들기보다 차분히 고려하는 기질을 살려내야 개인이, 그리고 사회가 건강해질 뿐 아니라 창의적일 수 있으며 그래야만 진정 행복할 수 있다고 주장합니다. '조용하면서도 의연한' 사람이 세상을 바꾼다는 걸 발견한 까닭이지요. 인종차별 버스에 항의해서 경찰서에 끌려갔고 버스 보이콧을 이끌어냈으며 결국 인종차별 문제를 전 미국의 문제로 확산시킨 주인공 로자 파크스는 체구도 작고 조용한 사람이었습니다. 소리만 질러대는 사람들은 정작 타인에 대한 배려도, 사회를 건강하게 만들려는 관심도 없습니다. 그들에게는 성찰의 기회가 없기 때문입니다.

지금 우리의 문화는 '성격의 문화'로 넘어갔다는 느낌을 지울 수 없습니다. 문화역사학자 워런 서스먼Warren Susman은 현대를 '인격의 문화'에서 '성격의 문화'로 전환된 시기라고 정의합니다. 인격의 문화에서 말하는 이상적인 자아는 진지하고, 자제력 있고, 명예로운 사람이었습니다. 그러나 성격의 문화에서는 타인의 시선에만 집중하는 타율적 자아만 존재합니다. 거친 말도 거리낌 없이 내뱉고 으스대며 외향적인 성격을 자랑합니다. 서스먼은 "새로운 성격의 문화에서 가장 각광받는 역할은 연기자였다. 사람들은 너 나 할 것 없이 '연기하는 사람'이 되어야 했다"고 진단합니다. 인격의 가치를 깨달으려면 시간이 걸립니다. 반면 성격을 판단하는 데엔 그런 시간이 필요 없지요. 오히려 생각할 시간을 가지자고 하면 소리나 벅벅 지르고 나대는 사람에게 밟히기 십상입니다. 그래서 어른도 아이도 소리를 질러댑니다.

우리 사회가 지금 겪고 있는 폭력성, 비인격성, 물신성 등도 따지고 보면 사람의 가치를 인격으로 판단하지 못하고 빠른 시간 내에 성격으로만 판단하려는 조급증에서 기인하는 것 아닐까요? 인격의 문화는 내향성을 수용하고 길러내지만 성격의 문화는 오로지 외향성만 강조하고 자유롭고 독립적인 개인의 내향성을 억압합니다. 이미 그것 자체가 폭력입니다. '성공=외향성'이라는 어리석은 등식을 신봉하는 사회는 결코 창의성이나 자유의 가치를 실현하지 못합니다. 그런데도 지금 우리의 사회는 내향성을 철저히 무시하고 억압합니다. 내향적인 사람이 서 있을 곳이 없지요. 그러니 세상이 시끄럽습니다. 내 아이를 그런 폭력에서 지켜

내야 합니다.

　조용히 자신의 삶을 돌아보고, 자신의 목소리에 귀를 기울이고, 타인의 목소리에 관심을 갖는 태도가 필요합니다. 그것이 바로 바람직한 사람과 삶의 정신이고, 주체적인 인격의 회복이며 생명에 대한 근원적 인식의 전환입니다. 우리가 정신적 가치와 물질적 가치를 조화롭게 실현하고, 성격의 문화에서 다시 인격의 문화를 회복할 때, 그래서 주체적 인격으로서의 나와 정의로운 세상을 함께 만들어가고 또한 함께 살아가야 할 사람들과 성찰을 통해 연대할 수 있을 때, 비로소 우리는 참된 행복을 누릴 수 있을 것입니다. 우리 아이들이 그런 사람이 될 수 있도록 이끌어줘야 하는 건 어른들의 의무입니다.

　외향적인 게 나쁘다는 건 아닙니다. 하나의 성향이고 각자의 선택이기도 하니까요. 다만 그릇된 고정관념에서 아이에게 외향적인 태도를 강요하거나 선망하도록 이끌면 안 된다는 뜻입니다. 또한 내향적인 것이 수동적이고 비활동적이며 바람직하지 못하다는 오해에서 벗어나야 한다고 이야기하는 것입니다. 이제부터라도 '외향적인 삶이어야 성공적인 삶을 이끌 수 있다'는 잘못된 관념을 깨뜨려야 하지 않을까요?

고독과 고립을 구별해야 하는 이유

사람은 관계를 맺고 사는 사회적 존재입니다. 우리가 다양한 관계의 망을 만들고 살아가는 배경이지요. 그런데 비슷한 또래의 관계망에서 강제로 혹은 인위적으로 배제당하는 경우가 있습니다. 이른바 '왕따' 즉 집단따돌림인데요. 청소년기에 심하게 왕따를 당하거나 그 고통에서 헤어나지 못하면 자존감을 상실하게 되어 삶에 대한 의욕 자체를 잃게 됩니다. 때로 극단적인 선택을 하는 경우도 종종 발생하고요.

청소년기는 생의 주기에서 그 어느 때보다 관계에 민감한 시기입니다. 혼자 있는 걸 두렵고 불편하게 여겨요. 오프라인(대면) 관계뿐 아니라 온라인(비대면)상의 관계에서도 소외 상황을 참지 못합니다. 그래서 수시로 단톡방을 확인하고, SNS 플랫폼에 들러 무슨 이야기들이 오가는지 확인합니다. 이 시기 아이들이 가장 무서워하는 게 무엇인지 아세요? 바로 단톡방에서 자기 이름이 빠지는 것, SNS에서 '친삭' 당하는 것, 그리고 팔로워 수가 날마다 줄어드는 것입니다. 그러니 아이들 입장에서는 '하루라도 SNS를 하지 않으면 마음에 가시가 돋는' 거예요.

문제는 이러한 상황이 아이들에게서 혼자 누려야 할 시간, 즉 '고독'할 수 있는 시간을 빼앗는다는 사실입니다. 고독과 고립은 다릅니다. 제가 쓴 다른 책에서 수차례 언급했음에도 다시 한 번 이 문제를 다루는 것은 대다수 사람들이 고독과 고립을 구별하지 못하기 때문이에요. 고독은 '자율적으로 선택한 고립'입니다. 반면, 고립은 '타율적으로 강요당한 고독'입니다. 이 둘은 본질적으로 완전히 다릅니다. 그런데 아이들은 혼자 있는 것을 무조건 고립이라고 받아들입니다. 따돌림을 당했다고 여기거나 외톨이가 되었다고 생각합니다. 도무지 견디지 못합니다.

물론 고독은 두렵습니다. 혼자 있다는 것 자체가 사회적 존재인 인간으로서 부담스럽기도 해요. 그러나 고독은 두려운 것도 아니고 단순하게 외롭기만 한 것도 아닙니다. 내가 혼자 있는 시간과 기회를 마련하고 누릴 수 있어야 '내가 나에게 말을 걸 수' 있습니다. 즉 내면의 나와 대화가 가능해집니다. 그래야만 우리는 어떻게 살아야 할지, 무엇을 하며 살아야 할지, 보다 도덕적이고 공동체적 가치에 부합하는 일은 무엇인지 등에 대해 생각하고 계획을 세울 수 있습니다. 제가 강연을 갈 때마다 "하루에 30분만이라도 자기만의 시간을 마련해야 합니다"라고 강조하는 배경입니다. 그래야 '성찰'할 수 있는 기회를 누릴 수 있으니까요.

고독은 견디기 쉽지 않습니다. 하지만 고독의 가장 좋은 벗이 있어요. 바로 책입니다. 좀 더 정확히 말하면 책을 읽기 위해서는 기꺼이 고독해야 합니다. 처음부터 책 읽기에 몰입할 수 있으면 좋겠지만 아이들에게는 어려운 일입니다. 10분만 지나도 좀이 쑤시고 조금 어려운 낱말이라도 나올라치면 얼른 책을 덮고 싶어서 안달할 테지요. 이때 어른들의 도움이 필요합니다. 아이들이 그 '유혹'의 시간을 넘길 수 있도록 옆에서 함께 책을 읽는 거예요. 무조건 강요하거나 감시하는 게 아니라 책을 읽는 시간이 얼마나 고즈넉하고 즐거울 수 있는지 몸소 보여주는 겁니다.

책을 읽는다는 것은 곧 저자와 대화를 나누는 일입니다. 물론 책을 쓴 사람은 (읽는) 나보다 어떤 면에서 훨씬 나은 사람일 거예요. 배움도 더 깊을 거고요. 정신 바짝 차리고 읽어야만 그가 하는 말이 무슨 뜻인지 이해할 수 있을 겁니다. 아무래도 긴장되겠지요? 그러나 이때의 긴장은 매우 유익한 긴장입니다. 뇌를 자극하니까요. 이처럼 정신을 긴장시키는 일은 좋은 결실을 맺게 해줍니다.

몇 해 전 어느 고등학교에 강연하러 간 적이 있습니다. 저녁 늦게 강연이 끝난 터라 집에 갈 생각에 마음이 꽤 바빴는데요. 그때 한 학생이 잠깐만 시간을 내달라고 요청했어요. 아이의 눈이 워낙 간절해 보여서 도무지 거절할 수가 없었습니다. 학생은 자기가 완전히 따돌림을 받고 있는데 이유를 모르겠다면서 슬프고 두렵다고 했습니다. 공부도 하기 싫고 살기도 싫다고 했어요. 자퇴를 하고 싶은데 마음을 터놓고 상의할 사람이 없어서 더 고민이라고 말했습니다. "차라리 죽어버렸으면 좋겠어요"라고 한 대목에서 전 그만 얼어붙고 말았습니다. 머리칼이 다 곤두서더군요.

일단 "고민을 말해줘서 고맙다"고 한 다음, 자신의 삶에 대해 그렇게 진지하게 고민하는 게 보기 좋다고 말했습니다. 그냥 달래기 위해서 한 말은 아니었어요. 아이의 내면에 있는 '건강함'을 저도 느꼈기 때문입니다. 저는 아이에게 "너는 고립된 게 아니라 고독할 수 있는 기회를 얻은 거야. 친구들과 어울리지 못해서 마음이 아플 수는 있지만 그것을 고독의 기회라고 여기면 덜 억울하고 덜 마음 아프지 않을까?"라고 말해주었습니다. 그 순간 아이 눈에 갑자기 그렁그렁 눈물이 고였습니다. 그러더니 "저는 너무 외로워서 아마 자살할지도 몰라요"라고 말하는 게 아니겠습니까? 가슴이 철렁 내려앉았어요. 하지만 내색하지 않고 타일렀습니다. "누구나 그런 느낌이 들 때가 있어. 소설을 읽어보면 쉽게 공감할 거야. 세상에 나만 그런 게 아니란 걸 알 수 있거든. 내 처방이 야속할지 모르지만 일단 책을 한 권 줄 테니 읽어보고 그다음에 다시 생각해보겠니?" 그러고는 제 가방에 있던 헤르만 헤세의 『데미안*Demian*』을 건네주었습니다. 2년 뒤 그 학생에게 연락이 왔습니다. 원하는 대학에 진학했다는 소식과 함께 그해 겨울방학 때 많은 책을 읽으면서 세상과 자신에 대해 진지하게 탐색하고 배웠다고 말입니다.

왕따를 당하는 학생은 서글픕니다. 패배감에 빠질 수밖에 없어요. 교우 관계를 가장 중요하게 여기는 시기인데 거기서 소외되다니, 이는 결코 가벼울 수 없는 상황입니다. 이런 학생에게 선생님이 해줄 수 있는 게 무엇일까요? 먼저 그 학생에게 다가가 손을 내밀어야 합니다. 하지만 도닥이고 위로하는 것만으로는 해결되지 않아요. 제가 권하는 방법은

'선생님과 학생이 함께 책을 읽는 것'입니다. 왕따 당한 학생의 입장에서는 선생님이 내민 손이 부담스럽겠지만 속으로는 고마움을 느낍니다. 친구들은 외면하는데 선생님은 나를 알아줬으니까요. 선생님과 함께 책을 읽고 이야기를 나누는 것도 도움이 되지만 실은 더 중요한 게 있습니다. 책을 통해 자신이 알고 경험한 것과 전혀 다른 세상과 삶, 그리고 사람들을 만나게 된다는 점이죠. 친구에게는 소외당했어도 이제 그 학생은 자기 세계를 형성하게 됩니다. 인지이해력도 자랄 테고 성적도 오를 겁니다. 자존감이 높아지면서 친구들이 좀 섭섭하게 굴어도 '그까짓 거' 하고 대범하게 넘길 수 있게 됩니다. 거창하게 인성교육 운운하며 호들갑을 떨거나 문제가 터지고 나서야 대안을 찾네 뭐네 하지 말고 학생의 상처가 깊어지기 전에 먼저 다가가서 함께 책을 읽으세요. 아이의 세계는 분명 달라질 겁니다.

고독은 때로 견디기 힘든 형벌처럼 느껴지지만 매우 소중한 선물을 받을 수 있는 절호의 기회이기도 합니다. 인간은 고립과 다른 고독을 누릴 수 있어야 책을 가까이할 수 있습니다. 이제 우리 아이들에게 고독의 가치를 일깨워주고, 그들이 기꺼이 고독을 선택하여 자기만의 시간을 누릴 수 있도록, 그 시간 안에서 스스로 성장할 수 있도록 도와야 할 것입니다.

책과 함께 가라

아직까지 우리 사회는 학력을 따지고 있지만 이미 퇴색의 징조가 보이기 시작했습니다. 진작 끝났어야 하는 현상인데 참 질기게 오래 버틴 셈입니다. 쉽게 사라지지는 않겠지만 말입니다. 물론 우리만 그런 건 아니에요. 다른 나라들도 마찬가지입니다. 학력에 의한 서열 매김은 보편적이고 자연적인 현상이지요. 두뇌 회전이 빠르면 아무래도 생산성이 높고 대응력도 빨라지니 그런 대접을 하는 것입니다. 그러나 시대가 변했습니다. 갈수록 학력 파괴가 가속화할 것입니다. 노력과 방법만 다를 뿐이지요. 기본기는 중요합니다. 그 기본기는 학교에서 배우기도 하지만 책을 통해 지속적으로 강화된다는 점을 기억할 필요가 있습니다.

제가 재직했던 대학에서 학생들에게 하던 말이 있습니다. 3~4등급 점수의 학생들이 많았던 학교인데요. 저는 그곳 아이들에게 "학교 프리미엄은 분명히 존재하지만 유효기간은 고작 3년이다. 그 프리미엄을 깨뜨리고 3년 뒤 높은 평가를 받으려면 이른바 일류대학에 다니는 친구들보다 2배 이상 책을 많이 읽어야 한다"고 강조하곤 했습니다. 현실은 어땠냐고요? 그들이 읽는 책의 절반도 읽지 않았습니다.

왜 그럴까요? 두 가지 이유가 있습니다. 우선, 비슷한 친구들끼리 어울려 지내다 보면 상대에게 자극 받을 일이 별로 없기 때문입니다. 도태될 것 같은 절박감을 느낄 상황이 아니라는 거죠. 옆에 있는 누군가가 매주 서너 권의 책을 읽고 수업에 임하면, 그런 친구들이 많으면, 나도 그렇게 해야 할 것 같은 강박이라도 가질 텐데 다 같이 책을 안 읽으니 상관없는 겁니다. 두 사람이 굴뚝에 들어갔다 나왔는데 한 사람은 얼굴이 까맣게 되었고 다른 한 사람은 아무것도 묻지 않았다고 해봅시다. 과연 누가 얼굴을 씻을까요? 묻지 않은 사람이 씻는다고 합니다. 상대편 얼굴을 보고 자신도 그럴 거라고 판단하기 때문이지요.

다른 이유를 볼까요? 중고등학교 때 책 읽는 습관이 길러지지 않았기 때문입니다. 입시 준비에만 매달렸지 요즘 아이들은 방학 중에도 책 읽을 시간이 없습니다. 어쩌다 책을 읽어도 주변에서 눈치를 주거나 핀잔하기 일쑤입니다. 그러니 책을 읽는 것 자체가 불편할 수밖에요.

글은 말보다 까다롭습니다. 배우는 것도 더 어려워요. 에너지도 더 많이 소비됩니다. 더구나 요즘은 글을 읽어야만 지식과 정보를 얻을 수 있는 시대가 아닙니다. 영상이나 말로써 충분히 얻을 수 있어요. 굳이 어렵게 책을 읽고 싶은 생각이 들지 않습니다. 이런 사고와 생활이 습관으로 굳어지다 보니 다들 글을 읽고 책 읽는 것을 성가시다고 여깁니다. 아니, 따분하고 지겹다고 생각합니다. 설령 책을 읽는다 해도 내용을 제대로 소화하지 못합니다. 영상에 익숙해진 나머지 글을 이미지像로 전환해서 이해하는 과정을 거치게 되는데요. 이 또한 번거롭기 이를 데 없습니다. 읽는 습관과 훈련이 체화되어야 글을 읽자마자 상을 떠올릴 텐데 그게 바로바로 안 되는 것입니다. 요즘 청소년들이 그 경지에 도달하려면 계속해서 읽고 또 읽는 연습을 해야 합니다.

요즘 같은 시대에 책 읽기를 강조했다가는 '꼰대' 소리를 듣기 십상입니다. 사실 책을 읽든 말든 그것은 개인의 자유입니다. 강요할 일은 아니에요. 저도 굳이 강권할 생각은 없습니다. 노예로 살건 주인으로 살건 그건 각자가 알아서 선택할 삶이니까요. 다만 이왕 사는 거 단순하게, 쉽게, 편하게만 사는 게 능사가 아니라는 점을 강조할 뿐입니다.

선택은 자유입니다. 하지만 내가 사랑하는 자녀들이 그냥 대충 살면서 이리저리 휘둘리기를 바라지 않는다면, 아이들이 어렸을 때—특히 언어사춘기에 해당되는 나이에— 책과 가깝게 지낼 수 있도록 교육과 훈련을 지원해야 할 것입니다. 책 읽는 버릇이 습득되면 당장 많은 책을 읽지 않더라도 언젠가 필요할 때 스스로 책을 찾아 읽고, 거기에서 쓸 만한 도움을 받게 될 테니까요.

많은 사람들이 말합니다. 굳이 책을 보지 않아도 원하는 지식과 정보는 언제 어디서나 쉽게 접속할 수 있으며 획득할 수 있다고요. 뭐 하러

귀찮고 어렵게, 그리고 많은 시간을 투자해 책을 읽어서 얻으려 하냐고요. 맞는 말입니다. 그러나 그렇게 말하는 사람들이 놓치는 중요한 문제가 있습니다. 다양한 채널을 통해 거의 모든 지식과 정보 그리고 기술을 습득할 수 있는 시대인 것은 맞지만, 그것들은 모두 단편적일 수밖에 없습니다. 그에 반해 책은 하나의 문제를 아주 깊고 넓게, 그리고 길게 다룹니다. 핵심만 다루는 게 아니라 그 지식과 관련한 역사와 맥락도 짚어냅니다. 그것이 바로 책이 주는 매력이고 힘입니다. 솔직히 저는 억지로 책을 읽으라고 강요할 생각은 없습니다. 각자 자신이 선택하고 누리며 책임지고 살 뿐입니다. 다만 노예로 살 것인지, 주인으로 살 것인지 생각해보면 스스로 판단할 수 있을 겁니다.

책은 단순히 지식과 정보를 얻어가는 채널이 아닙니다. 일정한 주제를 깊고 다양한 사유로 빚어낸 지적 결과물이에요. 서술은 논리적이고 실증적이며 체계적입니다. 전문 분야의 저자가 오랜 시간에 걸쳐(때로는 평생을 바쳐) 연구한 위대한 지성의 산물이죠. 그러므로 책 읽기는 어떤 문제를 심층적으로 이해하고 논리적이며 체계적인 사유를 구성하는 데 최상의 도움을 줍니다. 근대적 시스템 교육에서 빚어진 거의 모든 오류를 상쇄하는 가장 훌륭한 대안이지요. 책은 인류문화의 위대한 선물입니다. 책을 읽은 사람의 삶과 그렇지 않은 사람의 삶은 다를 겁니다. 선택은 우리 스스로 해야 합니다. 여러분은 우리 아이들이 어떤 삶을 누리길 원합니까?

독서는 정신적으로 충실한 사람을 만든다.

사색은 사려 깊은 사람을 만든다.

그리고 논리는 확실한 사람을 만든다.

- 벤저민 프랭클린

5장

그 버릇,
이를수록좋다
_어떻게 읽을 것인가?

책은 책 이상이다. 차라리 그것은 삶 그 자체이다.

– 에임 로웰

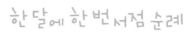

한 달에 한 번 서점 순례

'세 살 버릇 여든 간다'는 말이 있습니다. 주로 부정적인 느낌으로 쓰이지만 역으로 생각하면 '좋은 버릇은 일찍부터 습득해야 한다'는 뜻도 됩니다. 나쁜 습관에 대해서는 여기서 굳이 말할 필요가 없을 것 같고요. 지금까지 함께 이야기한 바에 따라 몇 가지 좋은 습관을 추천하자면 '다양한 언어 활용', '문어체 사용', '그림(이미지)을 문자로 바꿔보기', '라임 맞추기', '한자어에 관심 기울이기', '언어기록장 쓰기', '책 읽기' 등이 될 것입니다. 이번 시간에는 그중 '책 읽기'에 대한 구체적인 팁을 드리고 싶습니다.

요즘은 많은 분들이 책을 온라인 서점에서 구입합니다. 서점까지 가는 수고를 덜 수 있고, 할인 혜택에 적립금까지 챙길 수 있으니 일석삼조라고 여기기 때문입니다. 소비자 입장에서는 자연스러운 선택입니다. 하지만 저는 서점에 직접 가는 것을 적극 추천합니다. 눈에 보이지 않는 더 큰 이익을 위해서지요. 일단 서점에 가면 여러 책을 내 눈으로 직접 확인할 수 있고, 사회 흐름을 파악할 수 있습니다. 마음에 드는 책을 골라 훑어볼 수 있는 이점도 있고요. 이 모두 돈으로는 살 수 없는 혜택입니다.

제가 권하는 팁은 '가족의 서점 나들이'입니다. 한 달에 한 번쯤 가족 모두 함께 서점에 가는 거예요. 가령 매월 넷째 주 토요일에 서점에 간다고 칩시다. D데이 며칠 전 가족이 모여 "이번 달에는 어떤 책을 읽고 싶다"고 각자 발표합니다. 어떤 책이 있는지 본 것도 아닌데 어떻게 선택하느냐고요? 문제없습니다. 인터넷으로 관심 있는 분야를 검색하면 됩니다. 그러고 나서 '내가 왜 그 책을 읽고 싶어 하는지' 그 이유를 각자 설명합니다.

이렇게 하면 두 가지 이점을 누릴 수 있습니다. 첫째, 논리적으로 발표하는 능력이 신장됩니다. 누군가에게 내 선택을 설명하고 그들이 내 이야기를 들으며 고개를 끄덕이게 만들려면 논리적으로 설득해야 하니까요. 둘째, 다른 구성원이 선택한 책에 대한 기본적인 정보를 얻을 수 있다는 점입니다. 예를 들어 나는 아파트 청약이나 집 구하기에 관심이 조금도 없지만 결혼을 준비하는 오빠가 이야기를 들려주면 귀가 솔깃해집니다. 이렇게 '들었던 정보'가 나중에 좋은 실마리를 제공해줄 수도 있고요. 덧붙여 가족들의 개인적인 관심사가 무엇인지 이해하면서 연대감을 강화할 수도 있습니다. 이때 필요한 경비를 정하는 것도 좋아요. 아이들에게 한 달 가정 수입과 평균 지출을 대략 알려주고, 그 안에서 교육이나 문화비용을 얼마나 쓰면 좋을지 의견을 나눠봅니다. 아마 좋은 경제 공부가 될 겁니다. 수입과 지출에 대해 조금이나마 알게 되면 '타이어보다 비싼 신발'을 무조건 요구하는 바람도 줄어들겠지요? 그것 자체가 이미 훌륭한 경제 교육일 수 있습니다. 가령 서점 나들이에 할애할 수 있는 월 비용을 10만 원이라고 가정해봅시다. 가족이 4명이라면 한 사람에게 각각 25,000원씩 돌아갑니다. 가능하면 '평등하게' 분배하는 게 좋습니다. 가족 구성원 모두 대등하다고 여기게 되는 학습효과가 있으니까요.

드디어 '그날'이 밝았습니다. 가족 모두 서점에 갑니다. 아이가 아직 어리면 별로 달가워하지 않겠지만 서점에 갔다가 외식도 할 거라고 하면 '부록'에 혹해 따라나설 겁니다. 일단 시간을 정하세요. 40~50분이면 적절합니다. 아이들이 받는 수업 시간이 대개 그 정도거든요. 서점에 놓인 검색 컴퓨터를 이용하는 것은 가급적 금지하는 것이 좋습니다. 원하는 책이 있는 곳으로 곧장 갈 수 있다는 점 외엔 좋은 게 없기 때문입니다. 책을 찾아 서점 안을 이리저리 거닐다 보면 자연스럽게 다른 책도 보게 되는데요. 그런 경험을 몇 번 해보면 어떤 책이 어떤 범주에 속하는지 차츰 '감'을 지니게 됩니다. 분류의 능력을 키우는 데 아주 도움이 되지요.

이렇게 해서 아이가 첫 번째 책을 찾아왔습니다. 엊그제 가족들 앞에서 읽고 싶다고 발표했던 책입니다. 이때 바로 구매를 결정하면 안 됩니다. 일단 가족이 모여 짧게라도 책을 훑어보면서 '구매 혹은 포기'를 결정합니다. 보고 싶던 책이기도 하고, 또 괜찮을 것 같아서 집어왔는데

막상 훑어보면 기대와 다를 수도 있으니까요. 이럴 때엔 과감하게 포기하게 합니다. 충동구매를 막는 훈련도 되니 경제교육 효과도 볼 수 있겠지요? 그러고 나서 대체할 수 있는 다른 책을 골라오게 합니다.

생각할 문제는 또 있습니다. 아이들 책 한 권에 대략 1만~1만3천 원쯤 든다고 치면 '배당된' 돈이 남아요. 그 돈으로 다른 책을 사게 합니다. '예정에 없던' 책입니다. 이제 다른 책을 찾으러 다시 흩어집니다. 아직 서점에 머물 수 있는 시간이 20~30분쯤 남았을 겁니다. 아이는 서점에 있는 다른 책들을 훑어봅니다. 제목도 보고 주제도 대충 봅니다. 이 훈련은 직관의 능력을 키워줍니다. 목차를 보면서 내 마음에 드는지 보고 어떤 식으로 책 내용이 전개될 것인지 짐작해봅니다. 그 과정을 통해 세상에서 어떤 책이 나오고 어떤 게 중요한 이슈인지도 어렴풋하게나마 짐작할 수 있는 힘이 길러집니다. 그렇게 해서 책을 한 권 고릅니다. 그런데 아직 시간이 남았습니다. 처음보다 책을 고르는 시간도 빨라지고 훑어보는 속도도 빨라졌네요. 약속 시간이 되었습니다. 가족들이 다시 한 자리에 모입니다.

이번에는 아이가 읽고 싶은 책이라며 서너 권 들고 왔습니다. 분명히 한 권 살 돈밖에 남지 않았는데 서너 권을 들고 온 것은 '읽고 싶은 마음'이 생겼기 때문입니다. 이러한 '견물생심'은 바람직합니다. 이때 부모님이 해야 할 일이 있어요. 어떤 책을 가져왔는지 유심히 관찰하는 것입니다. 아이가 골라온 책에 관심사가 투영되었을 테니까요. 그다음에는 아이가 책을 고른 순서를 주의 깊게 살펴보세요. 대개 마음에 들었거나 읽고 싶은 분야일 겁니다. 각자에게 배당된 돈은 25,000원이었습니다. 만일 첫 번째 책을 이미 구매한 경우라면 여유는 한 권밖에 없습니다. 그런데 아이가 가져온 책은 서너 권이에요. 두세 권은 포기해야 하는 상황입니다. 이때 아이가 무엇을 포기하는지 눈여겨보세요. 별로 고민하지 않고 빼는 책이 분명 있을 텐데요. 그건 꼭 읽고 싶어서라기보다 그냥 마음에 드는 것 '같아서' 얹어놓았을 게 분명합니다. 다시 한두 권을 더 빼야 합니다. 아이가 이걸 뺐다가 저걸 다시 넣었다 하면서 오락가락하는 사이가 바로 부모님의 '딜'이 개입되어야 하는 순간입니다.

먼저 아이에게 그 책을 꼭 읽고 싶은지 물어보세요. 고개를 끄덕인다면 이렇게 제안해봅니다. "그러면 우리 책 살 비용 중 한 권 값을 너한테 양보할게. 하지만, 세상에 공짜는 없는 법! 앞으로 일주일 동안 저녁 식사 설거지랑 현관 신발을 정리하는 거야. 오케이?" 아이들이 집안일을 해봤자 얼마나 하겠습니까? 하지만 노동의 대가를 일깨워준다는 점에서 반드시 조건을 다는 게 좋습니다.

아이는 몇 가지 혜택을 얻었을까요? 서점에서 많은 책을 봤습니다. 남들이 열심히 책을 고르고 사며 읽는 모습도 보았습니다. 이것만으로도 큰 자극이 되었습니다. 본인이 원했던 책을 골라 내용과 수준을 직접 확인했습니다. 시간이 남아 다른 책을 살펴보면서 분류와 추론*도 경험했습니다. 그 뿐인가요? 서점에 오기 전에는 생각도 못했던 다른 책도

덤으로 얻게 되었습니다. 이렇게 서점 순례가 끝나면 외식을 즐기러 갑니다. 아이는 식당에서 음식이 나오길 기다리는 동안 책을 꺼내 읽을 테지요. 집으로 돌아가는 차 안에서도 또 읽을 겁니다. 바로 이 순간이야말로 대다수 부모님이 꼭 해보고 싶었던 말을 해줄 때입니다. "얘, 책 그만 읽어라, 눈 나빠질라!" 이런 일련의 과정은 아이들에게 매우 좋은 경험이 될 것입니다. 빠르면 빠를수록 좋습니다.

엄마의 서재는 가정의 문화다

부모는 어떤 것이 자식에게 좋다는 확신이 들면 강요하게 되는 경우가 많습니다. 마음이 급해지기 때문입니다. 물론 부모님은 강요가 아니라 좋은 권고라고 여기실 테지만, 아이는 그것이 '잘 포장된' 강요라는 걸 잘 압니다. 본능적으로 알아요. 강요로 이뤄지는 것은 아무리 좋아도 일단 저항하게 됩니다. 아이들에게는 특히 더 그래요. 그런 저항감이 없는 아이는 의젓한 게 아니라 '아이로서의 본성'을 잃은 것입니다. 또 하나 주의할 게 있어요. 무엇이든 급하게 서두르면 탈이 납니다. 아무리 맛난 음식도 급하게 먹으면 체하는 것처럼요. 우리의 인생은 아주 먼 길을 가는 여행입니다. 서둔다고 될 것도 아니고, 능력이 충분하다고 해서 혼자서 뛰어갈 일도 아닙니다. 함께 가면 더 멀리, 오래 갈 수 있으니까요. 아이들에게 그렇게 할 수 있는 분위기와 환경을 만들어주세요. 어느 순간 따라 할 것입니다.

한 가지 예를 들겠습니다. 에드워드 버네이스^{Edward L. Bernays, 1891~1995}라는 사람이 있었습니다. 미국 광고계의 대부, 혹은 PR^{Public Relation} 계의 아버지로 불리던 사람인데요. 그의 외삼촌은 유명한 정신분석학자인 지그문트 프로이트^{Sigmund Freud, 1856~1939}였습니다. 그는 사회의 관행과 의식을 효과적으로 지배하는 방법으로 PR과 프로파간다^{propaganda *}를 선택했습니다. 대중을 자발적 복종의 길로 이끈 사람이라는 평가를 받기도 했지요. 대중의 마음을 얻기 위해서 자신이 팔고자 하는 물건이나 상품을 직접 광고^{advertising}하는 방법도 있지만, 한편으로 대중의 인식과 문화를 변화시킴으로써 자신이 원하는 바를 얻을 수 있다는 사실도 깨달았던 선구자였습니다.

1923년 P&G사는 아이들에게 비누를 많이 팔 수 있는 방법을 찾기 위해 그에게 도움을 요청합니다. 씻는 것 자체를 싫어하는 아이들이 비누를 좋아할 리 없으니까요. 그는 PR을 실시하기에 앞서 설문조사를 실시합니다. 그 결과 아이들이 비누에 대해 거부감을 갖지 않게끔 태도를 먼저 개선해야 할 필요를 느끼지요. 하지만 그는 비누의 효능에 대해서 직접적으로 떠들지 않았습니다. 어떻게 했을까요?

1924년 버네이스는 전국비누조각대회를 조직하고 큰 상금을 내겁니다. 일단 언론의 주목을 끌어내는 데 성공해요. 첫 번째 대회에는 일반

---

[*] 어떤 것의 존재나 효능 또는 주장 따위를 남에게 설명하여 동의를 구하는 일이나 활동으로 사상이나 교의 따위의 선전을 이른다. 주로 '정치적 선전'이라는 의미로 쓰인다.

조각가, 건축가 및 여러 분야 예술인들이 참가하여 450킬로그램이 넘는 대형 아이보리 비누를 멋지게 조각했습니다. 이후로 그는 이 행사를 일반인과 학생들이 참여하는 국민적인 규모로 발전시킵니다. 그 결과 '비누조각'은 공립학교 미술시간의 정규 과정에 포함되었고, P&G의 비누조각대회는 1961년까지 37년간 지속됩니다. 흥미로운 사실은 매년 수백만 명의 어린이들이 자발적으로 비누 판촉행사에 동원되었지만 이들은 그저 독창성과 예술성을 겨루는 대회에 참가한다고 느낄 뿐이었다는 점입니다.

이런 방식의 광고에 탁월했던 버네이스에게 미국의 출판협회에서 도움을 요청합니다. 사람들이 책을 읽지 않자 경영 위기에 빠졌던 협회는 백약이 무효라고 느끼고 그를 찾아간 거예요. 과연 그는 어떤 방식으로 사람들을 자극했을까요? 미국의 대문호와 작가들을 동원해서 캠페인을 벌였을까요? 아닙니다. 그는 영화와 드라마 제작자들을 부릅니다. 그리고 이렇게 주문했어요. "모든 제작비를 지원하고 후원할 테니 거실에 책장을 세팅하고 그것을 촬영해달라"고 말입니다. 당시 대공황기를 겪던 미국인에게 가장 큰 위로가 되었던 것은 영화였어요. 이제 사람들은 영화를 보면서 중산층 가정의 거실에 놓인 책장과 거기 가득 꽂힌 책을 자꾸 만나게 되겠지요. 그 장면이 눈에 익을 테고, 무의식 어딘가에 각인될 겁니다. 버네이스는 이런 과정을 통해 사람들이 자연스레 동경을 품을 거라고 생각했습니다. '거실 책장'이 하나의 문화 코드로 자리 잡게 되는 것이지요. 예상은 적중했습니다. 대공황이 끝나고 경제가 풀리면서 사람들이 집을 짓거나 고칠 때 가장 많이 한 일이 바로 거실에 책장을 짜는 거였거든요. 책장이 있으면 책을 꽂아야겠지요? 이것이 바로 버네이스가 노렸던 핵심입니다.

이야기가 장황하게 샜습니다만, 이 사례는 직설적이고 강압적인 것보다 간접적인 것, 그리고 사람의 마음을 움직이게 하는 요소들이 훨씬 더 효과적임을 보여줍니다. 이 사례를 우리도 응용해볼까요? 일단 거실에 책장을 들여놓습니다. 대부분의 가정에 가보면 거실에 소파와 TV가 세트처럼 놓여 있는데요. 이 TV를 방으로 옮기는 겁니다. 그게 여의치 않다면 TV 받침대를 책장 가운데 짜 넣고 앞을 미닫이문으로 가립니다. 그러고는 정해진 시간에만 TV를 보고 나머지 시간에는 책을 읽거나 이야기를 나눠봅니다.

다른 방법도 있습니다. 거실과 주방 사이에 화장대 크기 정도의 작은 책상을 마련해보세요. 그리고 그곳을 책이나 신문을 읽고 인터넷도 하는 작업 공간으로 활용하는 겁니다. 바로 '엄마의 서재'인데요. 우리는 대개 서재라고 하면 방 전체를 책으로 채우고, 크고 멋진 책상을 놓아둔 모습을 연상합니다. 일종의 문화 권력을 상징하는 모습이기도 해요. '엄마의 서재'는 다릅니다. 늘 개방된 상태에서 편하게 이용할 수 있을뿐더러 아이들은 거기에서 엄마가 책 읽는 모습을 보게 됩니다. 책을 읽으라고 따로 강요하지 않아도 이제 아이들은 책 읽는 엄마의 모습에 자연스럽게 '전염'되어 어느 순간 스스로 책을 찾아 읽을 것입니다.

강요가 아니라 본보기를 보이는 것, 좋은 모습을 자연스럽게 보게 하고 거기에 익숙해지도록 돕는 것, 이것이 바로 부모가 자녀들의 좋은 독서 습관을 길러줄 수 있는 '낡았지만 새로운' 방식이 될 것입니다. 환경을 바꾸고 좋은 조건을 마련해주는 것은 거창한 게 아닙니다. 이런 식으로 얼마든지 손쉽게 시도할 수 있습니다. 다만 끈기가 필요할 뿐입니다.

휴가 때 책 한 권

책 읽지 않는 사회의 환경과 흐름만 탓할 게 아닙니다. 거창한 캠페인을 앞세워 구호만 남발하는 짓도 너무나 촌스럽습니다. 구태의연하지요. 이런 구조 속에서는 혁명은 언감생심, 작은 변화도 일어나기 힘듭니다. 혁명은 섹시하게 해야 합니다. 하면서 즐거워야 해요. 그리고 그 즐거움을 누군가와 함께하면서 점점 더 커지는 행복을 느낄 수 있다면 그것이 진짜 행복입니다.

이전에 쓴 책 『앞으로 10년, 대한민국 골든타임』에서 이미 제안했고, 다른 여러 강연에서도 종종 언급하는 것 중 하나가 '북캉스'입니다. 내 아이, 내 가정이 책 읽는 문화와 삶을 누리는 것도 좋지만 이왕이면 사회가 함께 그 즐거움을 누릴 수 있다면 공동체의 발전에도 도움이 되지 않겠어요? 방법은 의외로 간단합니다.

첫째, '여름휴가 때 책 한 권 챙겨 가기'입니다. 여행 갈 때 책을 가져

간 경험은 별로 없으시죠? 평소에도 책을 잘 안 읽으니 휴가라면 더 말할 것도 없습니다. 게다가 우리나라 휴가는 짧잖아요? 놀고 쉬기에도 바쁜데 아무리 생각이 있다 한들 책 읽을 틈까지 내기는 어려울 겁니다. 다른 나라 사람들은 어떨까요?

몇 년 전 외국 공항에서 경험한 일입니다. 귀국하는 비행기를 기다리고 있는데 갑작스러운 기상 악화로 우리를 태우고 갈 비행기가 착륙하지 못하고 다른 도시로 회항하는 일이 벌어졌습니다. 무작정 공항에서 기다려야 했어요. 출국 수속은 이미 끝났고, 공항도 작은 곳이어서 면세점 돌아보기마저 순식간에 끝난 터라 할 일이 없었습니다. 한국 사람들은 어찌할 바를 모른 채 의자에 앉아 곤혹스러워했습니다. 반면 외국인들은 마치 약속이라도 한 듯 책을 꺼내더니 조용히 읽더군요. 그 비행기는 다행히 다섯 시간 뒤에 착륙했고 승객들은 무사히 탑승할 수 있었는데요. 발이 묶였던 그 시간 동안 아무것도 할 게 없던 사람들은 정말 끔찍했을 겁니다.

둘째, '가져간 책 반나절만 읽기'입니다. 우리나라 사람들의 휴가나 여행기간은 짧은 편입니다. 그러니 모처럼 떠난 여행지에서 하루 종일 책만 읽는 건 '휴가에 대한 예의'를 벗어나는 행위입니다. 일부러 책 읽으며 쉬려고 떠난 여행이라면 몰라도 말이에요. 그래도, 어느 곳에서든 혹은 어떤 형태의 여행에서든, 반나절쯤은 자투리 시간을 낼 수 있습니다. 바로 그 시간을 이용해서 책을 읽는 겁니다.

셋째, '반 권만 읽기'입니다. 굳이 가져간 책을 한 권 다 읽을 필요가 없습니다. 반나절에 반 권 읽는 것도 대단한 일이거든요. 가능하면 반 권 이상 읽지 마세요. 아무리 재미있더라도 말입니다. 자, 중간에 책을 덮었습니다. 다음 내용이 궁금해집니다. 궁금증을 꾹 누르고 머릿속으로 이야기가 앞으로 어떻게 전개될지 상상해보세요. 그리고 나서―휴가를 마치고 집에 돌아와― 나머지 절반을 읽습니다. 만약 나의 짐작대로 나머지 이야기가 전개되었다면 나는 천재적인 추론 능력을 가진 사람이 되는 겁니다. 유쾌한 일이지요. 만약 내 짐작과 다른 식으로 전개되어 결론이 났다면 '이렇게도 풀어나갈 수 있구나' 하고 감탄하면 그만입니다. 그런 감탄과 존경은 책에 대한 몰입과 충성도를 높여주지요. 완전히 다른 식으로 생각할 수도 있습니다. 즉 '나는 작가도 상상하지 못했던 전개로 전혀 다른 결론을 이끌어낼 만큼 창의적이야!'라고 말입니다. 그냥 웃자고 하는 말이 아니에요. 중간까지는 나도 읽었으니 흐름을 알잖아요. 중간에서 갈라집니다. 그리고 결론은 완전히 다릅니다. 그렇다면 그 갈라짐이 어디에서, 왜, 그리고 어떻게 일어났는지 점검해봅니다. 그러면 갈라진 부분부터 결론의 다른 점까지 너른 빈 곳이 채워집니다. 그게 바로 혁명적 전환의 영토입니다. 그게 바로 '적분'의 응용입니다. 새로운 콘텐츠의 발견과 창조는 매우 강력한 힘이 됩니다. 장점이 또 있습니다. 분명히 같은 책인데 일상적인 공간에서 읽을 때와 비일상적인 곳에서 읽을 때의 느낌이나 해석이 조금 다르다는 것을 경험하는 일이지요. 공간과 분위기가 달라지면 그런 변화를 누릴 수 있다는 것을 확인하는 일 또한 뜻밖의 즐거움입니다.

넷째, 저는 이 단계가 가장 중요하다고 생각하는데요, 바로 '남보란 듯 읽기'입니다. 해변의 비치파라솔 아래에서, 혹은 계곡에 발 담그고 읽는 겁니다. 다른 사람들이 어떻게 생각할까요? 속으로 '아우, 밥맛!' 하는 사람도 있겠지만, '보기 좋다'고 느끼는 편이 더 많을 겁니다. 아마 그들은 '나도 다음 휴가 때에는 책 한 권 들고 와서 저렇게 우아하게 읽어야겠어'라고 결심할지도 모릅니다. 그러니 반드시 '남 볼 때' 책을 읽으세요. 호텔이나 콘도 혹은 펜션의 방에서 책 읽는 것은 반칙(?)입니다. 이런 곳에 가면 로비나 카페를 택하세요. 다른 사람들이 책 읽는 모습을 잘 볼 수 있게 말입니다. 한번 입장을 바꿔볼게요. 만일 내가 휴양지에서 누군가 우아하고 편안하게 책 읽는 모습을 본다면? 저절로 미소가 떠오를 겁니다.

내가 누군가에게 좋은 자극과 본보기가 되어 서로 즐거움을 배가시

킬 수 있다면 일석이조가 아닐까요? 그러니 이번 휴가 때는 어디로 가든 책 한 권 들고 떠나봅시다. 가서 반나절 동안 반 권만 읽어봅시다. 반드시 남들이 보는 데서 말입니다.

세 살 버릇 여든 간다

'북스타트 Bookstart 운동'을 아시나요? 이것은 아이들이 아주 어린 나이부터 부모와 함께 책을 가지고 놀 수 있도록 구성한 전 국가적 프로그램인데요. 영유아기의 독서 경험이 성장하는 동안 문제 해결 능력, 대인관계 능력, 지능계발, 정서적 안정감 등에 크게 영향을 미친다는 점을 강조합니다. 그 긍정적 효과도 이미 검증된 바 있는 운동으로 아기 때부터 책 읽는 습관을 잘 들여놓으면 책에 대한 애착이 평생 지속된다는 이념을 토대로 합니다. 물론 영유아기 단계에서는 '책으로 된 장난감' 혹은 그림책을 갖고 노는 것으로 시작하지요.

이 운동은 1992년 영국의 버밍햄에서 전직 교사이자 도서관 사서였던 웬디 쿨링 Wendy Cooling이 '아기에게 책을'이라는 모토로 300명의 아기들을 대상으로 시작했던 시범사업이 모태입니다. 그녀는 신생아라면 누구나 보건소에 가서 생애 첫 건강진단을 받아야 한다는 점에 주목했고, 이때 아이들에게 그림책이 든 가방을 무상으로 선물했습니다. 반응은 뜨거웠어요. 그로부터 10년 후인 2002년에는 65만 명의 신생아가 참여하여 혜택을 받았을 만큼 성장했습니다.

이 운동을 적극적으로 후원하고 수행하는 북트러스트^{Booktrust}는 독립적인 국가 단위 자선단체로서 모든 연령 모든 문화의 사람들이 손에 책을 쥐는 것을 목표로 삼습니다. 재정적 지원은 Unwin Charitable Trust에서 받았고요. 북스타트 프로그램의 혜택을 받고 자란 아이들을 '북스타트 세대'라고 부르는데, 이들은 영국의 미래를 밝게 만들 주인공으로 평가 받고 있습니다.

만일 부모에게 어떤 사정이 생겨 보건소를 찾지 못하게 되면 사회복지사와 자원봉사자들이 직접 그 가정을 방문해서 북스타트 가방을 전달합니다. 지역의 소식도 함께 전해주고요. 이렇게 아이와 부모, 지역사회와 가정이 서로 책을 나누는 즐거움을 도모하는 북스타트 운동은 긍정적인 취지와 효과를 인정받아 급속도로 전파되기에 이릅니다. 북스타트는 아기가 책에서 최상의 것을 얻을 수 있도록 사회가 배려한다는 점에서 매우 큰 시사점을 지니는데요. 갓 태어난 아기가 사회로부터 받는 첫 선물이 '책'이라니, 너무나 멋진 일 아닙니까?

우리나라의 북스타트 운동은 2003년 시범사업을 시작한 이래 지금까지 매우 활발하게 전개되고 있습니다. 순수 민간기구인 '북스타트 한국위원회'가 구성되었고, 대한민국에서 태어나는 모든 아기들이 이 프로그램의 혜택을 받을 수 있도록 전국적으로 확대되었지요. 북스타트에는 여러 기능과 역할이 있지만 그중 으뜸은 아기들이 책과 친해지게 해준다는 점입니다. 어려서부터 책과 친해지면 책을 좋아하는 아이로, 청소년으로, 어른으로 성장할 수 있지요. 이 점이 가장 중요합니다. 이런 프로그램을 접하면서 자란 아이들은 집중력도 높고 언어 습득력도 매우 빠르다고 하는데요. 당연한 결과입니다. 북스타트를 평생교육의 출발점으로 상정하는 것도 따지고 보면 어렸을 때부터 책과 친해진 사람이 어른이 되어서도 책을 가까이 한다는 사실을 확인한 데서 나온 것 아닐까요? 어쩌면 '세 살 버릇 여든 간다'는 우리 속담의 영국판 증거라고 볼 수도 있겠네요.

그런데 조심할 게 있습니다. 만에 하나라도 이 운동을 '조기 교육'이나 '영재 교육'의 첫 걸음이라고 생각하면 안 된다는 점입니다. 한국의 북스타트 운동의 독특한 점 가운데 하나가 바로 '성장기에 누릴 수 있는 혜택의 사회적 평등을 높이고, 소득불평등에서 오는 궁핍과 박탈의 영향을 줄이며, 기회의 편차와 불평등을 최소화할 수 있는 사회적 장치로서 기능하도록 하는' 목적을 갖고 있기 때문입니다.

거듭 말씀드리지만 AI로 대변되는 금세기에 영상, 만화, 게임 등 다양하고 새로운 매체 형식과 문화 시장의 메커니즘이 새로운 지평을 열고 있는 것은 사실입니다. 긍정적 측면으로 평가되는 부분이기도 하고요. 그러나 동시에 이들 매체와 함께 성장한 세대에 부정적 영향을 끼치고 있음도 간과할 수 없습니다. 일방적으로, 그리고 무방비 상태에서 영상 매체에만 노출되어 자라면 자칫 인간적 능력 자체가 마비되고 박탈될 수 있습니다. 인성의 측면은 말할 것도 없고요. 결과 역시 상상을 초

월할 만큼 치명적일 테지요. 그런 끔찍한 상황에 매몰되지 않으려면, 즉 스스로를 보호하고 주체적으로 자신의 삶을 설계할 수 있으려면 무엇보다 능동적으로 사유하고 판단하며 행동할 수 있어야 합니다. 그리고 그 견고한 바탕을 우리는 다양하고 성숙한 언어생활에서 찾을 수 있습니다. 어렸을 때 어떤 언어를 어떤 방식으로 수용하고 학습하며 어떻게 구사했는가 하는 점이 결과적으로 한 사람의 행동과 판단에 영향을 미치게 되고 나아가 그의 일생을 결정한다는 뜻입니다.

제가 이 책의 서두에서 말씀드린 것처럼 언어사춘기는 만 10세 전후입니다. 그러나 내 아이가 이미 그 시기를 지났다고 해서 '때를 놓쳤다'면서 망연해할 까닭은 없습니다. 물론 북스타트는 생후 3개월부터 단계별로 18개월, 35개월, 취학 전 등의 프로그램이 바탕이지만 초등학생, 중학생 그리고 고등학생 과정까지 지속되니까요. '늦었다고 여기는 때가 가장 좋은 때'라는 상투적인 위로는 하지 않겠습니다. 늦었다고 여기는 때는 사실 이미 늦은 때입니다. 그러나 뒤늦게라도 시작하고 먼저 시작한 사람보다 더 많은 노력을 기울이면 오히려 더 큰 기회를 만들어낼 수 있습니다.

일단 아이들이 어렸을 때부터 가능한 한 '글자'와 자주 접할 수 있게 해주세요. 예를 들어 예전에 지리부도에서 지명 찾기 놀이하던 것처럼, 글자 혹은 기호(ㄱ,ㄴ,ㄷ, ㅏ,ㅑ,ㅓ 같은)들을 '보여주고' 아무 책에서나 그것들을 찾는 놀이를 함께해보세요. 글자에 대한 친근감을 키워줄 뿐 아니라 나중에 아이들이 스스로 글자를 조합해서 이해하는 일도 가능해집니다.

글을 모를 때도 그냥 읽어주기만 하지 말고 함께 책을 보면서 문장을 손으로 짚어주세요. 그러면 아이는 비록 글자를 몰라도 이야기의 흐름과 책 읽는 분위기를 따라가게 됩니다. 시간이 쌓이면 각각의 기호*에 특정한 뜻과 소리가 있다는 것, 그것들이 모여 낱말과 문장을 이룬다는 것도 알게 됩니다. 그러니 글자를 너무 빨리, 강제로 가르치려고 하지 마세요.

조혜경 피디가 쓴 『기적의 유치원』에는 재미있는 사례가 나옵니다. 일본의 어떤 유치원 이야기인데요. 글자를 전혀 가르치지 않는데도 아이들 스스로 글을 깨우쳐서 엄청난 분량의 책을 읽었다는 거예요. 여기서 우리가 주목해야 할 점은 '기다림'입니다. 우리 아이가 남들보다 빨리 글을 깨치길 바라고, 더 빨리 입시 레이스의 출발선에 서야 한다는 조급함을 버리고 기다려야 합니다. 그러면 아이들은 자기 속도에 맞게 스스로 많은 것을 배우면서 깨우칩니다. 이것은 누구도 대신 해줄 수 없는 소중한 경험인데요. 아무리 부모라고 해도 그런 기회를 빼앗을 권리는 없습니다. 이처럼 '글자에 대한 친숙함'만 경험해도 절반은 성공한 셈입니다.

'세살 버릇 여든까지 간다'는 말은 때로 무섭게 들립니다. 생애 주기 초반에 나쁜 습관이 생기면 뭔가 큰일 날 것 같은 느낌이지요. 물론 어느 정도 옳습니다. 그러나 이 말은 결코 저주의 표현이 아닙니다. 역으로

---

* 아이들은 글자를 반복되는 기호나 낯선 그림으로 받아들인다.

기회와 가능성을 제안하는 표현도 되니까요. 여러분의 자녀는 아직 어립니다. 여든까지 가려면 멀었습니다. 시간도 많고 길도 무궁무진합니다. 그러니 부모님이 아이들과 더불어 천천히, 제대로, 스스로, 그리고 즐겁게 그 과정을 밀도 있게 걸어가도록 도와야겠지요? 그 시작은 '글자'이고 '독서'입니다.

상상력을 키워주는 즐거운 책 읽기

책은 다른 사람의 눈으로 삶과 세상을 보는 것입니다. 독서에서 우리가 주목해야 하는 점 가운데 하나죠. '다른 사람의 눈'으로 삶과 세상을 본다는 것은 나만의 울타리를 벗어나 함께 살아가는 사람들에 대한 관심과 애정을 일깨운다는 뜻이기도 합니다. 또한 책은 주체적 자아를 발전시켜주는 중심입니다. 우리 삶의 가장 중요한 가치 가운데 하나인 '자유로운 개인'의 발아와 실현을 도와주지요. 불행히도 우리 사회는 '자유로운 개인의 가치'를 학습하고 고민한 적이 없다는 근본 문제를 안고 있지만 독서를 통해 이를 극복할 수 있습니다. 이처럼 독서는 다른 사람의 삶을 통해 사회적·문화적 관계성을 정립할 수 있고 동시에 자신의 내면을 깊이 들여다보는 계기를 마련해준다는 점에서 매우 매력적이며 필수적인 행위입니다.

독서는 또한 자유로우면서도 폭넓게 보는 태도를 형성합니다. 그러면 균형 있는 사고와 판단이 가능해지고, 자연스럽게 그 내용을 구체적 삶으로 실현하게 됩니다. 독서는 건강하고 능력 있는 '세계인'으로 성장하는 못자리입니다. 다른 나라 사람들의 지식과 생각을 책을 통해 얻음으로써 작은 사회의 구성원을 넘어 세계인 혹은 지구인으로 갖춰야 할 지식과 더불어 도덕성과 감성을 갖추게 될 수 있기 때문입니다.

무엇보다 독서는 능동적 행위이고 주체적 실현입니다. 그것만큼 자아의 성찰을 적극적으로 이끄는 것을 찾기란 어려운 일입니다. 요즘 부모님들은 자녀들에게 '상상력과 창의력'을 많이 강조하는데요. 이 둘의 조건은 절대적 자유입니다. 하지만 자유는 상상력이 풍부한 사람에게 더 많이 보장됩니다. 떼려야 뗄 수 없는 관계이지요. 그리고 상상력은 개인과 사회에 무한한 자유를 제공하고, 자유는 새로운 창조를 이끕니다. 이 시대가 요구하는 독서의 가치가 바로 여기 있습니다. 즉 독서는 '자유로운 개인에게 상상력과 창의력을 키워주는', 그리고 '개인과 사회에 무한한 자유를 제공할 상상력을 키워주는' 자발적 공부입니다.

독서는 즐거워야 합니다. 특히 아이들에게는 더더욱 그렇습니다. 독서는 학습 보조 장치가 아닙니다. 더욱이 학력 증가를 위한 독서가 되어서도 안 됩니다. 무의미하게 반복해도 안 됩니다. 아무리 즐겁고 신나는 일이라도 계속 반복되면 싫증나잖아요. 어린이나 청소년의 경우에는 그런 현상이 더 자주 두드러지게 나타납니다. 따라서 무엇보다 독서는 즐거움을 생산하는 경험이 되어야 합니다. 선행학습이나 지식만 얻으려고 하는 독서, 강제성을 띤 독서는 범위도 좁을 뿐 아니라 즐거움도 주지 않습니다.

'미래 독서'가 답이다

상상은 그 자체로 재미와 즐거움을 줍니다. 시간과 공간의 제약 없이, 제도와 관습을 뛰어넘어 무엇이든 머릿속으로 그림을 그려보는 게 바로 상상입니다. 따라서 상상력을 발휘하는 것은 곧 신나는 놀이가 됩니다. 재미없는 학교공부도 상상과 함께라면 재미있습니다. 이해도 빨라집니다. 이 점을 독서에 이용하는 겁니다. 현대의 어린이나 청소년은 영상세대이므로 무조건 텍스트만 접하게 할 때 도리어 역효과가 나타날 수 있으므로 원활한 독서를 위해 영상 요소인 상상의 힘을 적극 활용하자는 뜻입니다. 그리고 바로 이 지점에서 독서가 지니는 능동적이고 창의적인 기능도 더불어 발휘됩니다.

우선 글자를 통해 수용된 내용을 스스로 시각화하고 이를 바탕으로 자신만의 틀을 짜보게 하는 것입니다. 예를 들어볼게요. 영화나 TV 드라마는 그냥 앉아서 보기만 합니다. 시청자의 뇌는 연출자나 배우가 해석한 대로 수동적으로 움직이지요. 능동성이 위축됩니다. 스스로 상상하거나 덧붙일 틈이 별로 없으니까요. 그러나 독서의 과정은 좀 다릅니다. 문자로 된 것을 영상으로 전환시켜볼 수 있어요. 단 한 줄의 문장만 가지고도 머릿속으로 3분이 훨씬 넘게 이어지는 장면을 만들 수 있습니다. 그 뿐인가요? 몇 초 전 상상에 다른 요소들을 집어넣을 수도 있습니다. 자연스레 능동적이고 창의적인 사고를 체득하게 되지요. 이처럼 시공을 넘나드는 상상력은 독자에게 무한한 즐거움을 선물합니다. 바로 이때 독서의 즐거움도 배가되고요.

예를 들어 역사책을 읽는다고 쳐요. 책에 '조선시대에 관료가 되는 방법으로 과거科擧와 음서蔭敍가 있었다'는 문장이 나왔습니다. 과거를 통한 방법은 자신의 시험성적에 따라 좌우되지만 추천제인 음서는 출신과 관계가 깊어요. 비록 짧은 문장 하나지만 읽는 사람에 따라 다양한 장면과 이야기를 떠올릴 수 있습니다. 달달한 사극을 즐긴다면 이 문장에서 공주와 장원급제자의 로맨스를 상상할 테고, 스릴러를 즐긴다면 각기 다른 방법으로 관리가 된 이들 사이에 벌어지는 음모와 배신의 드라마를 상상할 것입니다. 물론 단순히 암기만 하는 독자도 있겠지만, 텍스트에 나온 객관적이고 실증적인 사건들을 다양한 각도에서 재구성하고 조망하는 능력을 키워주는 것이 독서의 가장 놀라운 기능입니다.

독서는 미래를 위한 투자입니다. 따라서 미래 독서는 시대의 변화를 전제합니다. 그런데 시대 변화에 적응하려면 지금까지와는 다른 독서 방법이 필요하지요. 사실 시대의 변화가 새로운 독서 방법을 요청하고 있다는 표현이 맞을 겁니다. 생존과 삶을 모두 포괄할 수 있는, 인간을 전체적으로 인식하는, 그래서 구체적이고 실질적인 독서의 당위성을 내포하고 있는 독서 방식, 저는 그것을 '미래 독서'라고 부르고 싶습니다.

　미래 독서는 사회가 변화한다는 사실로부터 출발합니다. 현재를 살아가는 우리로서는 21세기의 변화에 대비해야 하지요. 이 변화의 코드를 풀지 못하면 미래의 무한 경쟁 사회에서 도태될 수밖에 없습니다. 그러므로 미래 독서는 발상의 전환을 통해 현대인의 눈을 열고 다가오는 변화를 준비하고 그 사회에서 인간다운 삶을 이끌어가는 것을 목표로 합니다. 즉 미래 독서는 구체적이고 치밀하게 생존의 논리를 풀어주는 역할을 할 것입니다. 물론 그렇다고 해서 삶의 논리를 무시해도 좋다는 뜻은 아닙니다. 제가 말하고 싶은 것은 기존의 독서와 미래 독서의 균형입니다. 논리력이나 창의력 중 어느 하나만을 강조할 게 아니라는 의미지요. 미래 사회는 우리 개개인에게 창의력과 논리적 사고 모두를 요구할 테니까요.

꾸러미 독서

이미 언급한 것처럼 현대사회에서는 '평생직장'이 보장되지 않습니다. 공무원, 교사, 공기업 등은 '상대적으로' 긴 정년을 보장하지만 그마저도 영원한 것은 아니에요. 이제 한 직장 내에서 지속할 수 있는 업무기간은 대략 10년 남짓으로 보아야 합니다.[*] 그러면 다른 직장을 알아봐야겠지요. 그러나 쉽지 않습니다. 누가 알아서 모셔가는 것도 아니고, 젊은 세대에 비해 지식과 정보력도 딸리고, 새로 창출되는 일자리들은 나의 경험과 지식을 별로 달가워하지 않습니다. 불안하고 초조한 마음에 이것저것 정보를 모아보지만 통찰할 힘이 부족하여 쓸모 있는 지식으로 재구성하지도 못합니다. 목이 좋은 가게라도 개업할 만큼 경제적으로 넉

---

[*] 1990년대 초반 프랑스미래학회의 예측으로. 요즈음은 당시 예측보다 주기가 훨씬 더 짧아지고 있다(164쪽 참고).

넉하지도 않아요. 자녀들 혼사에 노후 준비에⋯ 부양비용은 점점 늘어나는데 상황은 자꾸 악화됩니다. 안타깝고 불행한 이야기지만 이것이 현실입니다. 여러분은 앞날—결코 짧지 않은—을 어떻게 준비하고 계시나요?

평생교육기관을 활용하라고 말씀하시는 분들이 있습니다. 고용노동센터에서 제공하는 직업훈련을 받아보라고 권하는 분도 있고요. 그런데 조금만 관심을 가지고 보면 이런 충고들이 얼마나 무책임하고 허술한지 알 수 있습니다. 우리나라의 평생교육은 여전히 20세기에 붙들려 '취미, 건강, 오락'으로 채워지고 있고, 국가 주도로 운영되는 고용노동센터나 재취업지원 기관은 구직자들의 능력과 니즈를 세분화하지 못한 채 단순 노동 인력만 키우기에 급급합니다. 뭔가 새로 배워 그것을 발판으로 다시 한 번 삶의 현장에서 기지개를 펴도록 돕지 못합니다.

그러면 우리가 선택할 수 있는 현명한 방법은 무엇일까요? 일단, 평소에 '책 좀 본' 사람들을 전제로 말씀드릴게요. 물론 책을 제법 읽은 사람들 가운데도 "읽기는 많이 읽었는데 도대체 머릿속에 남은 게 없어요"라고 하소연하는 분이 있습니다. 이 경우 나이가 많이 들어서 '까먹는' 걸까요? 아닙니다. 읽은 내용이 머릿속에서 정리되지 않았기 때문입니다.

이 책 저 책 읽는 것은 하루에 영화 네댓 편 한꺼번에 보는 것과 다르지 않아요. 차분히 복기하면 기본적 흐름은 떠오르지만 디테일은 마구 뒤섞여 있게 마련입니다. 책도 마찬가지예요. 책을 읽는 건 좋은 일입니다. 그런데 머릿속에 아무것도 남지 않았다는 건 그 내용을 '기억(암기)'

할 시간이 없었거나 다시 '생각'할 틈이 없었다는 뜻입니다. 그러니 내용을 체계화할 수도 없었겠지요.

이렇게 해보면 어떨까요? 자신이 앞으로 하고 싶은, 해보고 싶은, 혹은 해야 할 분야를 모색한 뒤 그 분야의 책을 집중적으로 읽는 겁니다. 일단 10권의 책을 모아서 읽습니다. 익숙하지 않거나 정보가 부족한 분야라서 책을 찾는 데 체계적인 도움이 필요하다면 도서관에 가서 사서와 상담하세요. 물론 도서관 사서라고 해서 모든 정보를 다 갖고 있지는 않습니다. 그러나 적어도 네트워크는 있습니다. 각 분야의 전문가들에게 문의해서 원하는 정보를 얻을 수 있을 겁니다. 그것을 이용하라는 뜻입니다.

책을 읽어도 처음에는 생소하고 어려울 겁니다. 새로운 분야인 데다 기초 지식도 없을 테니, 용어도 낯설고 개념도 어색하여 머릿속만 어지럽겠지요. 그래도 절망하면 안 됩니다. 내가 앞으로 하고 싶은 분야로 선택한 만큼 끈기를 가져야 합니다. 무지의 상태로, 남의 평가에 기대어 결정하면 필패입니다. 서너 권쯤 읽으면 낯설고 어색했던 용어나 개념이 익숙해질 겁니다. 다섯 권쯤 읽으면 윤곽이 보입니다. 그렇게 열 권을 다 읽으면 그 분야에 대한 안목이 제법 갖춰집니다. 저는 이 방법을 '꾸러미 독서'라고 부릅니다. 자신에게 필요한 정보와 지식을 시스템화하여 책도 그에 걸맞게 관계성을 고려하여 읽는 것이지요.

이렇게 꾸러미 독서의 단계를 몇 차례 진화시키면 전문가의 시선을 갖추게 됩니다. 다만, 여기에서 유념해야 할 부분이 있습니다. 요즘처럼 지식이나 정보의 생산과 소비의 속도가 빠른 세상에서 책은 시장에 나오는 순간 이미 '과거의 산물'이라는 점입니다. 책은 어떤 지식과 정보의 가장 안정적이고 체계적인 통로일 뿐 그 자체가 최신의 지식과 정보를 다루지는 못합니다. 내게 필요한 것은 현재와 미래에 대한 안목과 대책입니다. 그런데 책이 거기에 충분한 도움을 주지 못한다? 그렇다면 앞에서 말씀드린 게 아무 쓸모도 없는 말이 되어버립니다. 어떻게 해야 할까요?

현재 생산되고 유통되며 소비되는 최신의 지식과 정보는 어디에서 얻을 수 있을까요? 바로 해당 분야의 '전문 저널'입니다. 안타깝게도 우리나라 지식생태계의 심각한 문제 가운데 하나는 바로 전문 저널이 별로 없다는 사실입니다. 어느 하루에 갑자기 실현되기도 어렵습니다. 그러나 다행히(?) 영어로 된 수많은 전문 저널들이 있습니다. 예전과 달리 인터넷 등을 통해 접속할 수 있어서 마음만 있다면 그런 저널들을 읽을 수 있습니다. 만약에 아이들이 영어 공부를 싫어하면(시험을 위한 공부는 일단 무조건 싫은 법이지요) 나중에 '인생 역전'을 위해서 전문 저널을 읽어야 하는데 그걸 위해서 적어도 기초적인 독해능력은 키워야 한다고 충고해주는 것도 좋을 겁니다.

꾸러미 독서 이렇게 해보자

우리에겐 꾸러미 독서 경험이 거의 없습니다. 그래서 막상 내 인생의 시즌3에 무엇을 하고 싶은지 떠올랐다고 해도 그 분야에 대한 충분하고 체계적이며 일관된 지식과 정보를 습득하기 어렵습니다. 책을 제법 읽었다는 사람들도 그래요. 훈련과 습관이 필요한 이유입니다. 그 방법을 함께 알아봅시다.

먼저 1년을 전반기와 후반기로 나눕니다. 그다음, 각각 한 달씩 정해 특정한 분야의 책을 꾸러미로 모아서 읽습니다. 전반기에는 내가 좋아하는 분야의 책을 모아 읽고, 후반기에는 평소에 꺼리거나 어렵다고 여겨 막연하게 미뤄뒀던 분야를 대상으로 삼는 것도 좋을 겁니다.

예를 들어 좋아하는 분야가 역사라면 일단 역사 분야의 책을 꾸러미화합니다. 그리고 한 달 동안 집중적으로 그것을 읽습니다. 다 읽고 나면 어느 정도 전문가의 어깨 수준까지 올라갈 텐데요. 이때 본인의 안목이 이전과 크게 달라졌음을 느끼게 될 것입니다. 이것은 어떤 지식이나 전문적인 정보가 머리에 남아 있느냐 아니냐의 문제가 아닙니다. 즉 암기와 기억의 문제가 아니라 지식수준과 해석의 능력을 말하는 것입니다.

후반기가 되었습니다. 이번에는 평소에 어렵다고 여겼던 과학 분야의 책을 꾸러미로 읽어봅니다. 처음에는 어렵고 불편하지만 읽다 보면 생각보다 매력적이고 흥미롭다는 것을 알게 됩니다. 자연스럽게 관심도 커지겠지요. 과학적 사유와 정밀성도 자랄 테고요. 이 또한 소중한 부산물입니다. 이렇게 책 읽기를 통해 '수준 올리기' 작업에 몰두하다 보면 머지않아 놀라운 '독서 근육'과 '지적 체계'가 생겨날 겁니다.

이제 부모 세대가 당면한 문제의식을 우리 아이들에게 적용해볼까요? 우리 아이들은 본인이 원하든 아니든 최소한 6번 직업이 바뀐다는 진단이 나왔습니다. 이미 30년 전에요. 그런데 지금 우리 아이들에게 이 문제를 준비하고 해결할 교육을 하고 있습니까? 불행히도 전혀 그렇지 않습니다. 그러므로 언어사춘기를 전후해서 책을 통해 구체적이고 현실적이며 유익한 방법을 찾아야 합니다.

예를 들어 1년의 전반기, 구체적으로는 중간고사가 끝난 4월 말~5월을 '꾸러미 독서 실행의 달'로 설정합니다. 그리고 관심 분야의 책을 묶어서 읽습니다. 아이가 음악에 관심이 많다면 음악 관련 도서를 한 3~5권쯤 보는 겁니다. 자신이 좋아서 고른 분야이므로 5권까지도 큰 부담 없이 읽을 수 있습니다. 이렇게 쭉 묶어서 읽으면 비로소 안목이 트입니다. 귀로 즐기던 음악의 수준을 넘어서는 것이지요. 관련 도서를 여러 권 읽으면서 음악의 메커니즘이나 음악가의 삶 등 다양한 지식과 정보를 갖추게 되고, 음악에 대한 관점이나 해석의 방식도 진화하게 됨을 경험하는 겁니다. 정말 놀라운 체험입니다. 자신감도 생깁니다. 친구들 사이에서도 전문가 대접을 받게 됩니다. 자신감과 흥미가 점점 커집니다.

2학기도 마찬가지입니다. 10월쯤 중간고사가 끝난 후가 좋겠지요. 그러나 이번에는 싫어하는 분야의 책을 꾸러미로 엮습니다. 예를 들어 아이가 평소 기계에 관심이 없었다면 기술과 기계에 관한 책들을 읽어보게 하는 겁니다. 학교에서는 이 분야를 전문적으로 다루지 않으니 당연히 낯설고 어려울 테지요. 그러나 앞서와 마찬가지 방식으로 책을 다 읽고 나면 두 가지 효과를 얻게 됩니다. 하나는 다른 친구들은 아예 관심도 없고 당연히 지식도 없는데 나는 그 방면에 대한 제법 많은 지식과 정보를 갖추게 되었다는 자부심입니다. 다른 하나는 학교 공부 외에 다른 분야를 스스로 공부해보았다는 자신감입니다. 처음에는 낯설고 어렵지만 책 몇 권만 꾸러미로 읽어보면 그런 두려움을 깨뜨릴 수 있다는 경험이야말로 천만금을 주고도 살 수 없는 체험이 아닐까요?

함께 읽기는 집단지성이다

독서는 기본적으로 개인적 행위입니다. 앞의 장에서 저는 "독서를 위한 가장 기본적 전제가 '고립'과 '고독'을 구분하여 주체적으로 기꺼이 고독을 선택하는 것이다"라고 말했습니다. 책은 혼자 읽어도 외롭거나 서럽지 않습니다. 오히려 책을 통해 무수한 세상과 사람을 만날 수 있으니까요. 독서는 고독의 최상의 동반자입니다.

그러나 독서가 꼭 혼자만의 행위여야 할 까닭은 없습니다. 최근 '함께 읽기 운동'이 확산되고 있습니다. 그런데 '함께'라는 것을 그냥 같은 장소에 모여 책을 읽는 것이라고 생각하면 무의미합니다. 우리는 지금까지 각자도생의 교육을 받아왔습니다. 같은 학교에서 같은 교실에서 같은 선생님께 같은 교과 내용의 수업을 받았지만 일방적이었지요. 공부한 것을 각자 복습하여 시험 보고 점수를 받았습니다. 그리고 점수에 따라 각자의 진로를 결정했지요. 함께 공부했지만 생각을 나누고 다른 사람은 그 문제를 어떻게 이해하고 해결하는지 등에 대해서는 조금도 경험하지 못했습니다. 어느 모로 보나 각자도생의 교육입니다. 지금도 사정은 크게 나아지지 않았습니다. 20세기 교육에서 한 걸음도 벗어나지 못했어요.

이미 전 세계가 제4차 산업혁명 운운하는 시대입니다. 쏟아지는 새로운 지식과 새로운 기술을 따라가는 게 버겁기만 합니다. 이때 필요한 것이 바로 '입체적 사고'와 '집단지성collective intelligence'입니다. 집단지성이라고 하면 흔히 '위키피디아'나 '오픈소스', 그리고 '네이버 지식iN' 등을 떠올리는 경우가 많은데요. 함께 모여 머리를 맞대고 생각을 모으는 것을 집단지성이라고 여기기 때문입니다. 물론 틀린 말은 아닙니다. 그러나 집단지성은 그렇게 단순하게 지식을 모으는collective 것이 아닙니다. 그 이상의 상태로 진화해야 합니다. 지식과 정보의 집산이 곧 집단지성은 아니기 때문입니다.

집단지성은 다양한 사람들이 다양한 사고와 방법을 제시하며 하나의 문제를 해결하는 많은 가능성을 찾는 방식입니다. 끝없이 묻고 답하며 내가 보지 못한 것들을 경험하고 나의 답과 융합하여 그것을 피드백 하는 지속적인 교환을 통해 이루어지는 것이지요. '함께 읽기'의 집단지성화는 같은 책을 읽더라도 서로 다른 사람들이 그것을 어떤 방식으로 이해하고 해석하는지, 혹은 어떤 가능성과 새로운 논점을 제시하는지를 교환하는 것을 기본으로 합니다. 읽은 책은 같지만 생각과 해석은 서로 다르다는 것이 전제지요. 그런데 서로 다른 생각과 해석에는 나름대로 근거가 있습니다. '왜 나는 그런 방식으로 읽어내지 못했을까?' 하고 생각하는 것만으로도 나만의 독서가 주는 울타리를 벗어날 수 있습니다. 이러한 방식은 단순히 지식의 확장에 그치는 게 아닙니다. 마치 핵융합처럼 계속해서 꼬리를 물고 이어지며 새로운 지평으로 확장되니까요. 그리고 이런 과정을 통해 새로운 눈을 뜨게 됩니다. 지금 우리에게, 특히 우리의 자녀들에게 필요한 지적 훈련이 바로 이런 과정들입니다.

처음부터 어떤 그룹을 만들어서 '함께 읽기'를 하는 것은 익숙하지 않을 수 있습니다. 당장 그런 모임을 만들기도 어려울 거고요. 이럴 때는 우선 가족들이 함께 책을 읽어보면 어떨까요? 물론 세대 차이도 있을 거고, 지식의 많고 적음에도 차이가 분명하겠지만, 뜻밖에도 '바로 그렇기 때문에' 예측하지 못했던 다양하고 기발한 생각들을 만나게 될 것입니다. 흔히 '눈높이 교육'이라고 하면 흔히 아이들보다 나이도 많고 아는 것도 많은 어른이 자신의 격을 낮춰 상대의 시선과 이해에 맞춰 교육하는 것이라 여깁니다. 이런 방식에서는 어른은 시혜자施惠者, 아이는 수혜자受惠者일 뿐입니다. 이것은 매우 그릇된 견해입니다. 막상 이것을 해보면 정반대로 최대 수혜자는 바로 어른들 자신임을 알게 될 겁니다.

생각이 오가는 함께 읽기는 이 같은 편견을 벗어던지는 데 큰 도움을 줍니다. 아이들의 생각이 단순하게 '기발하고 재미있는' 게 아니라 어른들은 도저히 상상할 수도 없는 놀라운 발상과 영감을 발휘한다는 점에 주목합시다. 아이들은 어른과 전혀 다른 방식으로 책을 읽습니다. 그런 생각, 느낌, 해석들을 함께 주고받다 보면 불꽃도 일어나고 다양한 감정이 폭발하기도 하겠지요. 관계의 망이 넓어지고, 또 어떤 관계는 깨질 수도 있습니다. 그러나 이 같은 여러 현상들이 서로 꼬리를 물고 화학적 결합을 하다 보면 때로는 저자가 미처 생각하지 못했던 영역과 방식까지 발견할 수도 있습니다.

혼자 읽고 그 지식을 자신만의 지적 권력으로 만드는 데 길들여지지 않는 것. 이것이 바로 함께 읽기의 진정한 장점이자 매력입니다. 혼자 읽어도 좋지만 함께 읽으면 더 좋은 것이 책입니다. 나아가 이러한 독서 공동체가 활성화되어 우리 아이들이 자신의 생각과 판단의 힘을 키울 수 있다면, 더 나아가 건강한 공동체 정신을 기를 수 있다면, 이보다 더 멋진 환경은 찾아보기 어려울 겁니다.

맺음말 인생의 주인이 되는 삶은 가능하다

이 책에서 저는 여러분과 함께 '언어사춘기'라는 새로운 개념을 다뤘습니다. 몸의 사춘기보다 먼저 오는 언어사춘기에 대한 새로운 발견은 어쩌면 지금 우리가 당면한 많은 문제점에 대한 중요한 실마리 혹은 전환점을 마련할 수 있다고 감히 단언합니다.

우리가 생산하고 소비하는 문장의 길이가 사고의 호흡의 길이와 비례한다는 점, 어휘의 깊이가 삶의 질을 결정할 수도 있다는 점, 그리고 무엇보다 내 미래의 삶을 만드는 중요한 요소라는 점을 설명했습니다. 그와 더불어 왜 책을 읽어야 하는지, 어떻게 책을 읽으면 좋을지 등에 대한 몇 가지 사례를 말씀드렸습니다. 또한 우리 아이들의 미래의 삶을 어떻게 설계하고 구체적으로 어떤 대안을 마련할 수 있는지 등에 대해 함께 고민했습니다.

우리는 불행히도 언어사춘기를 모르고 지내왔습니다. 하지만 우리 아이들에게는 그것을 제대로 경험하게 함으로써 삶 전체를 능동적이고 주체적이며 생산적으로 설계할 수 있도록 해줘야 합니다. 그런 점에서 언어사춘기를 어떻게 지낼 것인가에 대해 깊이 고민해야 할 때입니다. 내 아이들은 나보다 더 나은 삶을 살아야 합니다. 그것을 할 수 있도록 돕는 게 부모의 의무이자 보람입니다.

짧은 분량이기 때문에 보다 구체적이고 다양한 내용을 다 담지 못한 아쉬움이 남지만, 오히려 과하지 않고 명료하고 분명하게 주제를 다룰 수 있었다고 생각합니다. 그 구체적이고 다양한 내용은 우리가 각자, 그리고 사회가 함께 고민해야 할 부분입니다. 모쪼록 이 시기를 놓치지 않고 최상의 콘텐츠를 경험하고, 이를 토대로 더 나은 콘텐츠를 생산하면서 각자가 원하는 행복한 삶을 설계해나간다면 더 바랄 나위가 없겠습니다. 그런 점에서 이 책이 충분하지는 않지만 적어도 중요한 전환점을 마련할 수 있기를, 그래서 우리 아이들이 더 행복할 수 있는 세상, 더 멋진 미래를 마련하고 누릴 수 있기를 간절히 소망합니다. 고맙습니다.